HÄDECKE

ANNE-KATRIN SURA

DIE LEICHTIGKEIT DES KOCHENS

DAS GASTGEBER-KOCHBUCH

Impressum

ISBN-10: 3-7750-0481-5
ISBN-13: 978-3-7750-0481-7

5 4 3 2 1 | 2009 2008 2007 2006

Foodfotos: Chris Meier, BFF, Stuttgart; Portrait S.13: Manjit Jari;
S. 3, 51 und 57: Natascha Jouhoff;
alle weiteren Aufnahmen: Anne-Katrin Sura
Gestaltung und Satz: nett & artig, Julia Graff, Düsseldorf
Gesetzt aus der Truth (David Berlow) und der MVB Sirenne (Alan Greene)
Litho: LUP AG, Hürth
Druck: Westermann Druck, Zwickau
Printed in Germany 2006

Mengen, Abkürzungen und Temperaturangaben

Die Rezepte sind, soweit nicht anders vermerkt, für 4 Personen.

g · Gramm
kg · Kilogramm
l · Liter
EL · Esslöffel
TL · Teelöffel
P. · Päckchen
Stk. · Stück(chen)
geh. · gehäuft
usw. · und so weiter
TK · Tiefkühlware

Die Temperaturangaben beziehen sich auf die Zubereitung in einem normalen Elektrobackofen mit Ober- und Unterhitze, soweit nicht anders angegeben.

»DIE FEINSCHMECKEREI IST EINE
LEIDENSCHAFTLICHE,
ÜBERLEGTE UND GEWOHNHEITSGEMÄSSE
VORLIEBE FÜR DIE GEGENSTÄNDE, WELCHE DEM GESCHMACKE
SCHMEICHELN. DIE FEINSCHMECKEREI IST EIN
FEIND ALLER EXCESSE;
WER SICH BETRINKT ODER EINE UNVERDAULICHKEIT ZUZIEHT,
WIRD VON DER LISTE GESTRICHEN. [...]
WIE MAN AUCH DIE FEINSCHMECKEREI ANSEHEN MÖGE, STETS
VERDIENT SIE NUR LOB
UND AUFMUNTERUNG
IN PHYSISCHER HINSICHT IST SIE DAS
RESULTAT UND DER BEWEIS
DES GESUNDEN, VOLLKOMMENEN
ZUSTANDS DER ZUR ERNÄHRUNG DIENENDEN ORGANE.
IN MORALISCHER HINSICHT IST SIE DIE UNBEDINGTE
UNTERWERFUNG UNTER DIE BEFEHLE
DES SCHÖPFERS, DER UNS DURCH DEN
GESCHMACK IN ERFÜLLUNG
UNSERER PFLICHT AUFRECHT ERHÄLT UND DURCH DAS VERGNÜGEN
FÜR DIESE PFLICHTERFÜLLUNG BELOHNT.«

Definition der Feinschmeckerei

»DIE FEINSCHMECKEREI IST EINE LEIDENSCHAFTLICHE, ÜBERLEGTE UND GEWOHNHEITSGEMÄSSE VORLIEBE FÜR DIE GEGENSTÄNDE, WELCHE DEM GESCHMACKE SCHMEICHELN.
DIE FEINSCHMECKEREI IST EIN FEIND ALLER EXCESSE; WER SICH BETRINKT ODER EINE UNVERDAULICHKEIT ZUZIEHT, WIRD VON DER LISTE GESTRICHEN. [...]
WIE MAN AUCH DIE FEINSCHMECKEREI ANSEHEN MÖGE, STETS VERDIENT SIE NUR LOB UND AUFMUNTERUNG. IN PHYSISCHER HINSICHT IST SIE DAS RESULTAT UND DER BEWEIS DES GESUNDEN, VOLLKOMMENEN ZUSTANDS DER ZUR ERNÄHRUNG DIENENDEN ORGANE. IN MORALISCHER HINSICHT IST SIE DIE UNBEDINGTE UNTERWERFUNG UNTER DIE BEFEHLE DES SCHÖPFERS, DER UNS DURCH DEN GESCHMACK IN ERFÜLLUNG UNSERER PFLICHT AUFRECHT ERHÄLT UND DURCH DAS VERGNÜGEN FÜR DIESE PFLICHTERFÜLLUNG BELOHNT.«

BRILLAT-SAVARIN: Physiologie des Geschmacks (19. Jahrhundert)

Rezeptverzeichnis

»EIN KÖSTLICHES REZEPT
MAN NEHME 12 MONATE
PUTZE SIE GANZ SAUBER
VON BITTERKEIT, ENGSTIRNIGKEIT, GEIZ UND ANGST
UND ZERLEGE JEDEN MONAT IN 30 ODER 31 TAGE.
ES WIRD JEDER TAG EINZELN ANGERICHTET
AUS EINEM TEIL ARBEIT
UND ZWEI TEILEN FROHSINN UND HUMOR.
MAN FÜGE DREI GEHÄUFTE ESSLÖFFEL OPTIMISMUS,
EINEN TEELÖFFEL TOLERANZ,
EIN KÖRNCHEN IRONIE
UND EINE PRISE TAKT HINZU.
DANN WIRD DIE MASSE MIT REICHLICH LIEBE ÜBERGOSSEN.
DAS FERTIGE GERICHT SCHMÜCKE MAN MIT STRÄUSSCHEN
KLEINER AUFMERKSAMKEITEN
UND SERVIERE ES TÄGLICH
MIT VIEL HEITERKEIT!«

Catharina Elisabeth Goethe (18. Jahrhundert)

Die Autorin

Anne-Katrin Sura, Romanistin, weiß als Mutter von vier Kindern und begeisterte Gastgeberin, wie wichtig eine gut organisierte, unkomplizierte und dennoch elegante Küche ist. In einer deutschen Großfamilie im europäischen Ausland aufgewachsen, pflegt sie kulinarische Kulturen anderer Länder ebenso wie eigene Traditionen. Zu Hause, in ihrer eigenen Küche, gibt sie ihr Wissen und ihre Koch-Leidenschaft in Kochkursen an große und kleine Genießer gerne weiter.

Einführung

Leichtigkeit und Lässigkeit gehören zu einem modernen Lebensgefühl – im Privaten gilt das auch für Gastgeber; Schürze und falsche Bescheidenheit sind out, die Leichtigkeit des Kochens ist in!

Dieses Kochbuch ist für alle, die sich gerne Gäste einladen, Spaß an Gesellschaft haben und trotzdem nicht in Stress geraten möchten. Es ist schließlich für alle ein Vergnügen, wenn auch die Gastgeber entspannt sind. Die Rezepte sollen inspirieren und Lust machen auf die nächste Einladung. Bei den aufwändigeren Menüfolgen kann viel im Vorfeld zubereitet werden. Planen Sie unbedingt genügend Zeit ein, um sich selbst zu »dekorieren« und nicht nur Ihre Wohnung, um noch einmal tief durchzuatmen und dann auch wirklich Zeit für die Gäste und die schönen Dinge des Lebens zu haben!

Ob für Große oder Kleine, »Slow«- oder »Fast«-Food – für jede Situation bieten die Rezepte der einzelnen Kapitel einen passenden Vorschlag. Die Portionen sind in der Regel für vier Personen berechnet; einige machen allerdings erst ab acht Personen Spaß und reichen dann auch mal für ein ganzes Wochenende!

Mein Tipp: Setzen Sie sich einen Tag vorher mit den Rezepten und einem Blatt Papier in eine ruhige Ecke und schreiben Sie eine Einkaufsliste für die Zutaten. Fertigen Sie eine »To Do«-Liste an, damit der Abend nicht zum Hindernislauf wird, und gehen Sie vorher in Gedanken durch, wann Sie was machen. Erledigen Sie so viel Sie können am Tag vorher, z. B. den Wein kalt stellen, die Tischdekoration besorgen oder anfertigen, eine Tischordnung machen und – je nach Anlass – Fenster und Tafelsilber putzen ... So ein Zettel beruhigt ungemein, er lässt sich Punkt für Punkt abarbeiten und beugt jeder »Panikattacke« vor.

Im Gegensatz zu den »Profis«, bleiben wir Gastgeber als »Koch-Amateure« oftmals bis zum Ende allein in der Küche. Denken Sie doch einfach einmal darüber nach, wer Ihnen helfen könnte; gerade Freunde kann man gut um Unterstützung bitten – und gemeinsam macht alles noch mehr Spaß! Dieses Gemeinschaftsgefühl lässt sich auch in anderer Form fortsetzen: Gehen Sie mit Freunden, Kindern und Liebsten statt vor den Fernseher in die Küche und zaubern Sie zusammen etwas Leckeres. Das ist kommunikativ und hält Leib und Seele zusammen. Deklarieren Sie Kochen zum Gesellschaftsspiel und entdecken Sie Ihre Küche neu als Ort der Begegnung, der Gespräche, der Geselligkeit und des Glücks. Aller Anfang ist leicht und auch bei kleinen Fehlern schmeckt's selbst gemacht viel besser als jedes Fertiggericht oder die Pizza eines Bringdienstes. Also: einfach ausprobieren und ran an die Töpfe!

1 FAST FOOD – HILFE, DIE GÄSTE KOMMEN GLEICH!

ROTE-LINSEN-JOGHURT-SUPPE

EXOTISCHES FAST FOOD!

Eine ungewöhnliche, schnell herzustellende und leuchtend orange-rote Suppe, die mit ihren scharf-milden Aromen das kulinarische Fernweh stillt. Diese Suppe ist eine Mahlzeit für sich und macht rundum satt, obwohl sie nur aus Joghurt und Linsen besteht.

½ weiße Zwiebel
1 Knoblauchzehe
2 EL Olivenöl
400 g Pizzatomaten
(eine kleine Dose Tomaten in Stücken)
250 g rote Linsen
1 EL Thai-Red-Currypaste
(mild oder scharf)
1 Chilischote
1 TL Kreuzkümmel-Pulver
Salz
200 g griechischer Joghurt (10 % Fett)
1 Bund Korianderkraut

Die Zwiebel und den Knoblauch fein hacken und in Olivenöl bei mittlerer Hitze dünsten. Die Tomaten, die roten Linsen, die Currypaste und die Gewürze zufügen und mit reichlich Wasser (mindestens ein Liter) aufgießen. Bei geringer Hitze 20 Minuten köcheln lassen. Bei Bedarf Wasser nachgießen. Zum Schluss den Joghurt dazugeben und mit einem Schneebesen verrühren. Frisch gehackte Korianderblätter kurz vor dem Servieren darüberstreuen, sie intensivieren die Exotik.

Gastgeber-Tipp

Diese Suppen sind perfekt, wenn es mal wieder schnell gehen muss, denn sie kochen im Prinzip von alleine und ihre Zubereitung ist einfach. So können Sie Ihre ganze Energie auf das Kleinschneiden der Zutaten verwenden, damit nach Eintreffen der Gäste die Zutaten für das »Lomito« nur noch in der Pfanne kurz gebraten werden müssen.
Denken Sie daran, dass Sie den Beilagen-Reis rechtzeitig aufsetzen. Er kann problemlos abgedeckt warmgehalten werden.

ZUCCHINI-FRISCHKÄSE-SUPPE

DIE SUPER-SUPPE!

Diese Suppe ist in zwölf Minuten fertig! Endlich mal ein Rezept, das auch in kleinen Mengen – und jederzeit – hergestellt werden kann. Die Zutaten und der Schwierigkeitsgrad sind minimal, das Ergebnis ist eine frische Gemüsesuppe.

1 l Hühnerbrühe
(Instant)

4 mittelgroße Zucchini
100 g cremiger Frischkäse
Salz und Pfeffer aus der Mühle

Die Hühnerbrühe heiß machen. Die Enden der Zucchini entfernen, dann die Zucchini in dünne Scheiben oder Würfel schneiden und in die kochende Brühe geben. Nach zwölf Minuten sind die Zucchini weich. Jetzt kommt der Frischkäse in die Suppe: Mithilfe eines Pürierstabs erhält die Suppe eine schaumig-cremige Konsistenz. Mit Salz und Pfeffer abschmecken.

Kochen ist ...

Beim Kochen, wie im Leben und in der Liebe, gibt es manchmal kein Rezept, aber jede Menge Zutaten! Sie genial und präzise einzusetzen, klug zu mischen, andere zu überraschen, mit allen Tricks ohne zu schwindeln alle Sinne anzusprechen und immer wieder gegen den »Einheitsbrei« zu kämpfen – das ist die Lebenskunst.

LOMITO

WHERE IS THE BEEF?

Es war einmal in einem peruanischen Restaurant in Brüssel … Der Koch fühlte sich von meiner Begeisterung für dieses – in seinen Augen – schlichte Gericht sehr geschmeichelt und verriet mir das Geheimnis! Es hörte sich nicht nur einfach an, sondern ließ sich auch problemlos zu Hause nachkochen.

Das Fleisch in sehr dünne, schmale Streifen schneiden und in einer Pfanne bei starker Hitze kurz in wenig Öl anbraten! (Mit Gefühl und nicht zu viel auf einmal.)
Das Fleisch aus der Pfanne nehmen. Die geviertelten Zwiebeln ebenfalls bei starker Hitze anbraten, nach fünf Minuten die Tomatenviertel zufügen und kurz anbraten. Bei geschlossenem Deckel zehn Minuten dünsten, die Zwiebeln sollten noch Biss haben! Dann das Fleisch dazugeben und mit dem Kreuzkümmel überstäuben. Wer Sauce liebt, kann die Mischung mit zwei Esslöffeln Wasser ablöschen. Mit Salz und Pfeffer abschmecken. Dazu schmeckt am besten Reis, der auch schon am Vortag zubereitet werden kann und dann nur noch vorsichtig erhitzt werden muss!

500 g Rinderfilet
(oder sehr zartes Rumpsteak)

Öl zum Braten

2 weiße Zwiebeln
geviertelt

4 große Tomaten
geviertelt

3 EL Kreuzkümmel
gemahlen

Salz, Pfeffer

Weinempfehlung

Bei würzigen bis scharfen Speisen empfiehlt sich ein fruchtiger Weißwein (wie Grauburgunder oder Sauvignon) oder ein nicht zu dominanter, leichter Rotwein (aus der Pfalz oder Côtes-du-Rhone). Wenn Sie sich bei der Weinauswahl unsicher sind, dann vertrauen Sie der Empfehlung Ihres Weinhändlers!

HÄHNCHEN IN KOKOSMILCH

SCHNELL UND SCHARF!

Erstaunlich schnell, unkompliziert und dennoch exotisch-elegant! Dieses Gericht begeistert auch die anspruchsvollsten Esser und chronische Kalorienzähler.

Kokosmilch in einem Topf erwärmen, Hähnchenbrust in Würfel geschnitten dazugeben, ebenso die Thai-Paste, den Zitronengrasstängel (der Länge nach halbiert; falls die Stängel zu lang für Ihren Topf sind: einfach knicken!), den Knoblauch, die Chiliringe und die Tomatenwürfel, dann 15 Minuten köcheln lassen. Zehn Minuten vor dem Servieren die Champignonviertel, Frühlingszwiebeln (in 5 cm lange Stücke geschnitten), Paprikawürfel und Zuckerschoten dazugeben. Das Gemüse sollte noch ein wenig Biss haben. Mit Basmatireis servieren!

Dieses Rezept kann man mit verschiedenem Gemüse variieren, z. B. Bambusstreifen, grüner Spargel, Shiitakepilze, Prinzessbohnen. Der Phantasie sind (fast) keine Grenzen gesetzt.
Mit mehr Flüssigkeit (Hühnerbrühe und Kokosmilch) wird dieses Gericht zu einer unvergesslichen Party-Suppe!

2 kleine Dosen Kokosmilch (à 400 g)

500 g Hähnchenbrustfilets
gewürfelt

1 EL thailändische Tom-Ka-Paste
oder 1 EL milde Red-Curry-Paste

1 Zitronengrasstängel

1 Knoblauchzehe
durchgepresst oder fein gehackt

1 Chilischote
in feine Ringe geschnitten

1 Tomate
gewürfelt

200 g Champignons
geviertelt

2 Frühlingszwiebeln

1 rote Paprika
grob gewürfelt

1 Handvoll Zuckerschoten

Tipp

Zitronengrasstängel können Sie im Bund kaufen und den nicht benötigten Rest einfrieren.

HONIG-JOGHURT

SO PUR ...

Der Joghurt macht's! Der gute feinsäuerliche Geschmack eines hochwertigen Joghurts (bitte kein Magerjoghurt!) wird besänftigt durch Zimt und Honig, durch ganze Mandeln und Obststücke bekommt er eine knackige Komponente – vollwertköstlich!

Pro Person

100 g Joghurt (10 % Fett)
4 ganze Mandeln
in feine Spalten geschnittenes Obst:
z. B. Äpfel, Birnen, filetierte Orangen usw. (keine Bananen!), im Sommer z. B. Pfirsiche, Erdbeeren, Brombeeren und anderes Obst der Saison
1 EL aromatischer flüssiger Honig
(z. B. Akazien- oder Orangenblütenhonig)
2 Prisen Zimt

Den Joghurt in die Mitte eines kleinen Tellers geben.
Mit dem Obst rundherum garnieren, die Mandeln auf dem Joghurt verteilen, mit dem Honig beträufeln und mit ein bisschen Zimt bestäuben.

Dekorations-Tipp

Keine Zeit für aufwändigen Schnickschnack? Entscheiden Sie sich einfach für die pure, zeitsparende Deko-Variante: Weiße Tischdecke und weißes Geschirr, Farbe bekommt das Ganze mit schnell verteilten Rosenblütenblättern (edel) oder mit Cocktailtomaten, Kapstachelbeeren (Physalis), grünen Blättern oder dekorativen Steinen (rustikal). Frisch wirkt die Farbkombination grün-weiß. Halten Sie für diese Gelegenheiten immer einen kleinen Vorrat an schönen, farbigen Kerzen im Farbton Ihrer Servietten bereit.

HÄHNCHEN IN KOKOSMILCH (REZEPT SEITE 15) >

PAPAYA–CREME

EIN SÜSSER GRUSS AUS SÃO PAULO!

Wagen Sie sich an dieses Dessert nur, wenn Sie garantiert reife und aromatische Papayas bekommen können (bei einem Obsthändler Ihres Vertrauens)! Und erleben Sie, wie einfach und umwerfend gut diese Creme ist – mit einem schönen dunkelroten Spritzer Cassis-Likör.

Das Vanilleeis etwa 20 Minuten vor dem Servieren aus dem Kühlfach nehmen. Die Papayas längs aufschneiden, schälen und entkernen und mit dem Limettensaft in einer Küchenmaschine pürieren. Das Vanilleeis mit der Papaya-Creme zu einer glatten, eiskalten Masse verquirlen.
In Glasschälchen füllen und mit einem Spritzer Cassis-Likör verzieren.

1 kg Vanilleeis
3 mittelgroße, sehr reife Papayas
(oder mehr)
1 Limette
Crème de Cassis
(schwarzer Johannisbeerlikör)

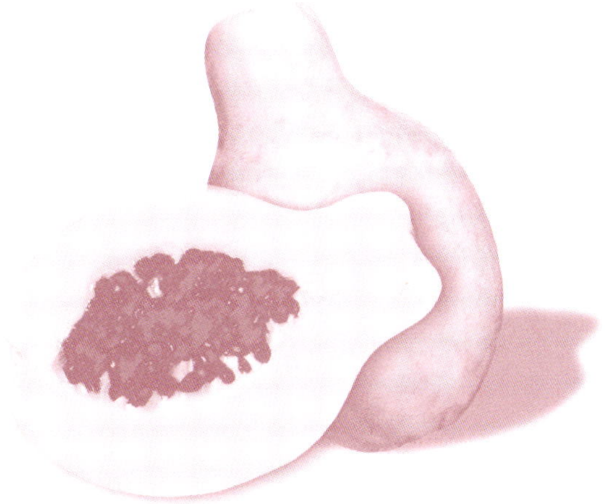

2 SLOW FOOD –
ZEIT UND MUSSE IN DER KÜCHE

KERBELSÜPPCHEN

OHNE SAHNE!

Erstaunlich einfach und sehr fein – ganz ohne Sahne! Die Kartoffeln geben der Suppe die samtige Konsistenz; sie sind das Geheimnis aller Gemüsesuppen! Kerbel ist nicht so leicht zu bekommen, ziehen Sie ihn am besten selbst!

2 festkochende Kartoffeln
klein geschnitten

1 Zwiebel
gehackt

1 EL Butter

1 Knoblauchzehe
zerdrückt oder fein gehackt

1 l Gemüsebrühe
(Instant)

1 Bund Kerbel

Die Kartoffelstücke mit der gehackten Zwiebel in Butter anschwitzen, den Knoblauch zufügen und mit der Brühe aufgießen. 15 Minuten köcheln lassen und dann mit einem Pürierstab fein zerkleinern. Kurz vor dem Servieren den Kerbel dazugeben (mit Blatt und Stängel!) und nochmals mit Gefühl pürieren. Mit Salz und Pfeffer abschmecken. Die Suppe sollte heiß sein, aber nicht noch einmal kochen!

Herrliche Varianten dieser Suppe bekommt man mit Kürbis oder Lauch (die Gemüse werden wie oben beschrieben mitgekocht).

Tipp

Das Kerbelsüppchen muss ganz frisch und punktgenau zum Servieren zubereitet werden. Aufgewärmt schmeckt es nicht!

Kochen macht aus uns bessere Menschen: Ich koche, also bin ich!

Der haptische, optische und sensorische Genuss bei der Zubereitung einer Mahlzeit, bei der appetitliche Zutaten zu einem köstlichen Essen verwandelt werden, ist reine Sinnesfreude und Hingabe. Es bringt die guten Seiten der menschlichen Natur ans Licht. Wer kocht, wird Meister der Sinne, des Geschmacks und des Augenblicks!
Liebe ist das beste Rezept.

MINESTRONE

VIVA LA MAMMA!

Stören Sie sich nicht an der Menge, diese Suppe isst man gern noch am nächsten Tag! Super für die »Gemüse-Diät« … Beim Gemüse kann man je nach Angebot variieren. In vielen guten Gemüseläden gibt es diese Gemüsemischung (außer Tomaten) bereits klein geschnitten zu kaufen. Sehr praktisch!

Gemüsezwiebel und Knoblauch in Olivenöl andünsten. Mit der Brühe aufgießen. Das Gemüse klein schneiden und mit den Bohnen in der Brühe kochen. Es darf nicht zu lange garen und sollte noch knackig sein. Mit Weißwein abschmecken. Die Nudeln separat »al dente« kochen und zur Suppe reichen. Mit frisch geriebenem Parmesan servieren.

Für 6 Personen

2 l Fleisch- oder Gemüsebrühe
(Instant)
oder
2 Gläser Rinder- oder Gemüsefond
(à 400 ml)
1 Gemüsezwiebel
1 Knoblauchzehe
2 EL Olivenöl »extra vergine«
¼ Blumenkohl
¼ Chinakohl oder Weißkohl
¼ Wirsing
2 Möhren
2 Tomaten
1 Stange Staudensellerie
1 Handvoll dicke weiße Bohnen
aus der Dose
1 Handvoll Hörnchennudeln
¼ l Weißwein
3 EL frisch geriebener Parmesan

GRAVED LACHS

GUT »LAX« WILL WEILE HABEN!

Lachs selber zu beizen ist gar nicht so schwer. Je besser der Lachs, am besten Wildlachs, desto feiner ist sein Geschmack. Probieren Sie es aus! Das Ergebnis wird Sie überzeugen.

1 entschuppte Lachsseite
(ca. 1 kg)

1 TL Pfefferkörner
2–3 Sternanis
2 TL Korianderkörner
Fenchelsamen
2 TL Senfkörner
80 g grobes Salz
160 g Zucker
2 Bund Dill

Lachsseite entgräten und die Hautseite mit einem Messer oder einer Rasierklinge leicht einritzen. Pfefferkörner, Sternanis, Koriander, Fenchelsamen und Senfkörner im Mörser zerkleinern und mit dem Salz sowie Zucker mischen. Dill hacken. Eine passende Form mit einem Drittel der Gewürzmischung ausstreuen, darauf den Lachs mit der Hautseite nach unten legen. Die Fleischseite mit dem gehackten Dill bestreuen, die restliche Gewürzmischung auf den Dill geben. Den Lachs mit einem Holzbrett oder einem anderen geeigneten Gegenstand beschweren, mit Klarsichtfolie abdecken und im Kühlschrank zwei Tage marinieren. Während dieser Zeit einmal wenden. Den Lachs vorsichtig trocken tupfen und nach Belieben in dünne oder dicke Scheiben schneiden.
In Klarsichtfolie verpackt oder in Pflanzenöl eingelegt ist der Lachs im Kühlschrank mindestens eine Woche haltbar. Dazu Kartoffelrösti, Crème fraîche und Lachskaviar servieren (Abbildung Seite 35), oder Prinzessböhnchen, al dente gekocht.

Tipp

Wenn Sie nicht so viel Zeit haben, dann mariniert der Lachs schneller, wenn Sie in die Form eine feste Klarsichtfolie legen und den Lachs mit der Beize dann in Folie gewickelt 24 Stunden ruhen lassen. Einmal wenden nicht vergessen!

Gastgeber-Tipp

Nehmen Sie sich für diese Art von Einladungen den ganzen Tag (und am besten den Vorabend, z. B. für den Graved Lachs) frei, damit Sie in Ruhe und Sorgfalt arbeiten können! Desserts auf Gelatinebasis am besten gleich morgens zubereiten, damit sie im Kühlschrank fest und kalt werden.

SCHMORTOPF MONT VENTOUX

MEHR!

Das Gericht braucht Zeit und gute Zutaten, gelingt immer und überrascht durch die intensive Aromenvielfalt und die knackigen Pfefferkörner in der Sauce!

Fleischwürfel portionsweise in Öl anbraten. Speck und Zwiebeln zum Fleisch geben. Wenn der Speck glasig ist, Knoblauch, Oliven, Thymian und Korinthen hinzufügen, mit Rotwein ablöschen und in einem gut schließendem, gusseisernen Topf mindestens 40 Minuten bei 200 °C im Ofen schmoren lassen. Dann das Fleisch aus dem Topf nehmen und die Sauce auf dem Herd reduzieren. Jetzt grünen Pfeffer, Salz, Sahne und Cognac zugeben. Das Fleisch wieder in den Topf geben, abschmecken und weitere 15 Minuten sanft köcheln lassen.
Vor dem Servieren die Thymianstängel entfernen.
Dazu schmeckt gutes Baguette oder ein Kartoffelgratin (Rezept nebenstehend), aber auch frische Tagliatelle (handgemachte Bandnudeln vom Italiener)!

Für 8 Personen

500 g Rindfleisch
500 g Lammfleisch
500 g Schweinefleisch
300 g Räucherspeck
jeweils gewürfelt

Öl zum Braten
2–4 Zwiebeln
gewürfelt

ca. 10 Knoblauchzehen
1–2 Handvoll Oliven
schwarz, entsteint

1 Bund frischer Thymian
1 Tasse Korinthen
(oder kleine Weinbeeren)

1 l Rotwein
(Merke: Ein schlechter Wein macht keine gute Sauce!)

2 EL grüner eingelegter Pfeffer
Salz
ca. 250 ml Sahne
2 dl Cognac
(Hier gilt dasselbe wie für den Wein!)

Weinempfehlung

Ein fein-edler Rheingau-Riesling oder Weißburgunder aus dem Burgenland harmoniert perfekt mit den Suppen und dem Lachs, die pfeffrige Note des Schmortopfs passt gut zu einem einfachen, aber kräftigen Roten (z. B. Montepulciano oder Bordeaux).

KARTOFFELGRATIN

MIT ODER OHNE KÄSE – DAS IST HIER DIE FRAGE!

So ein Gratin ist immer eine wundervolle Verbindung von mildem Kartoffelgeschmack und sanfter Sahne mit einem Hauch von Muskat. Wer es kräftiger mag, bestreut den Gratin einfach mit frisch geriebenem Emmentaler. Ein einfaches Gericht, das nach etwas Vorbereitung von allein im Ofen brutzelt und dem Koch freie Hände beschert!

Für eine große Gratinform

1,5 kg Kartoffeln
1 Knoblauchzehe
1 EL Salz
Pfeffer
400 ml Sahne
2 Prisen Muskat
2 Handvoll Emmentaler gerieben

Die Kartoffeln schälen und in einer Küchenmaschine in hauchdünne Scheiben schneiden. Gleich ins kochende Salzwasser legen und fünf Minuten blanchieren, damit sie nicht braun anlaufen. Das Wasser abgießen und die Kartoffeln in eine gebutterte Gratinform, die mit einer Knoblauchzehe ausgerieben wurde, geben, salzen und pfeffern. Die Sahne darübergießen, mit geriebenem Muskat und nach Geschmack mit Käse bestreuen. Für 35–45 Minuten bei mittlerer Hitze (175 °C) in den Ofen stellen. Die Kruste sollte schön goldbraun sein.

Gastgeber-Tipp

Den Schmortopf können Sie schon am Abend vorher zubereiten und dann nur noch aufwärmen. Das Kartoffelgratin können sie nachmittags in Ruhe vorbereiten, wenn Sie die gehobelten Kartoffeln blanchieren! Nach dem Eintreffen der Gäste den Gratin einfach in den vorgeheizten Ofen schieben und dann knusprig heiß servieren.

CANTUCCINI À L'ORANGE

ORANGENLEICHT!

Das ist zwar kein leichtes Dessert, aber der krönende Abschluss eines Festessens – auch wenn eigentlich alle schon satt sind! Die Blutorangen geben dieser Creme eine tolle Frische. Der Orangenlikör schmeckt paradiesisch dazu – also seien Sie nicht zu sparsam beim »Beträufeln« der Cantuccini!

Für viele Gäste (10 Personen!)

6 Blatt Gelatine
750 g Mascarpone
4 EL Zucker
12 Orangen insgesamt
(Am allerfeinsten sind Blutorangen!):
8 Orangen werden filetiert (ein paar für die Dekoration zurückbehalten),
4 Orangen für den Saft
2 Eigelb
2 Schnapsgläser Cointreau
oder Grand Marnier (oder mehr!)
200 ml Sahne, steif geschlagen
200 g Cantuccini
(ca. 1 P. italienische Mandelplätzchen)
Kakaopulver zur Dekoration

Die Gelatine in Wasser einweichen und nach 15 Minuten ausdrücken. Die Gelatine nun bei geringer Hitze in einem Topf auflösen, sie darf auf keinen Fall zu heiß werden!
Mascarpone, Zucker, Saft von 2 Orangen, die Eigelbe und einen kräftigen Schuss Cointreau zu einer Creme verrühren. Die flüssige Gelatine dazugeben und gut einarbeiten. Zum Schluss die geschlagene Sahne unterheben.
In eine hohe Glasschüssel zuerst eine Schicht Cantuccini legen, mit Orangensaft und Cointreau reichlich beträufeln, mit Orangenfilets belegen und eine Schicht Creme darauf geben. Nochmals eine Schicht Cantuccini und Orangenfilets mit Likör und Saft beträufelt darüberdecken. Mit der Creme abschließen, mit Orangenfilets und Kakaopulver dekorieren.
Mehrere Stunden kalt stellen, bis die Creme fest ist.

Tipp

Besonders hübsch sieht es aus, wenn Sie das Kakaopulver mithilfe eines Streuers mit Formaufsatz dekorativ auf die Creme pudern.

ERDBEERMOUSSE

UNWIDERSTEHLICH!

Ein Dessert, das auf der Zunge zergeht und einfach nur nach köstlichen Erdbeeren schmeckt!

Die Gelatine zehn Minuten in kaltem Wasser einweichen. Acht Erdbeeren beiseite legen, die übrigen würfeln und mit dem Zucker und Vanillezucker zerdrücken.
Die Hälfte der Sahne mit dem Joghurt schaumig rühren. Die Schale der Zitrone (ein Esslöffel) abreiben, den Saft auspressen und erwärmen.
Die Gelatine ausdrücken und im Zitronensaft auflösen. Von der Kochplatte nehmen und drei Esslöffel Joghurtsahne dazugeben und glatt einrühren. Diese Masse nun zur restlichen Joghurtsahne geben.
Die andere Hälfte der Sahne mit Puderzucker steif schlagen und mit dem Erdbeerpüree vorsichtig unter die Gelatinecreme heben. Die Creme in eine Schüssel füllen und zwei Stunden im Kühlschrank fest werden lassen.
Die acht Erdbeeren für die Dekoration in feine Scheiben schneiden. Mit einem Esslöffel aus der Erdbeermousse Nocken stechen, mit den Erdbeerscheiben und Minzblättern dekorieren und mit Puderzucker überstäubt servieren.

7 Blatt weiße Gelatine
500 g Erdbeeren
(davon einige schöne für die Dekoration zurückbehalten)
75 g Zucker
1 P. Vanillezucker
½ l Sahne
150 g Joghurt
1 unbehandelte Zitrone
2 EL Puderzucker
einige Minzblätter zur Dekoration

Dekorations-Tipp

Überlegen Sie sich ein farbenfrohes Dekorationsmotto (z. B. provenzalisch) und suchen Sie dazu passende Tischdecken, Servietten und Geschirr aus. Das wirkt ungezwungen und wie aus einem Guss! Planen Sie genug Zeit für ausgefallene Blumenarrangements oder für liebevolle Dekorationsdetails ein wie z. B. gefaltete Stoffservietten, in denen eine Blume steckt (frisch gehalten durch mit Wasser gefüllte Blumenröhrchen, die es bei jedem Floristen gibt).

3 DIVA COOKING – DAS BESTE FÜR MEINE GÄSTE

AMUSE-BOUCHES

KLEINE LECKEREIEN ZUM VERLIEBEN!

TOMATES AUX CREVETTES

Von sechs schönen, reifen Tomaten den Deckel entfernen und die Früchte aushöhlen.
200 g Nordseekrabben mit 4 EL Mayonnaise, 1 EL Ketchup und einem Schuss Cognac vermischen und die Tomaten damit füllen.

OEUFS »MIMOSA«

(GEFÜLLTE EIER)

Sechs Eier hart kochen (zehn Minuten), mit kaltem Wasser abschrecken, abkühlen, schälen, längs halbieren und die Eigelbe in einer Rührschüssel zerdrücken.
Mit 2 EL Mayonnaise, 1 TL Senf, 2 EL Sahne, Salz, weißem Pfeffer und 1 TL Essig mit dem Stabmixer glatt rühren (ohne Klümpchen).
Zum Schluss ½ Bund frischen gehackten Dill unterrühren.
Die cremige Masse in einen Spritzbeutel geben und jede Eiweißhälfte damit füllen.

LACHS MIT ROTEM PFEFFER

Räucherlachsscheiben auf einem Teller mit filetierten rosa Grapefruitscheiben garnieren (diese Grapefruits sind nicht so bitter!).
Mit ein paar Tropfen erstklassigem Olivenöl beträufeln und mit roten Pfefferkörnern bestreuen.
Erfrischung pur an heißen Sommerabenden auf der Terrasse!

CROSTINI

Baguette in feine Scheiben schneiden, auf ein Backblech legen und mit Olivenöl beträufeln. Im Backofen bei 200 °C goldbraun backen. Zu frischen Tomatenwürfeln, Olivenpaste oder diversen Dips reichen.

THUNFISCHPASTE

Von 2 Dosen Thunfisch (neutral, ohne Öl) den Saft abgießen und mit 3 EL Mayonnaise, Saft von einer ½ Zitrone und viel frischem gehackten Dill zu einer Paste mischen. Mit Pfeffer abschmecken!

LACHSMOUSSE MIT SAUCE VERTE

KEINE ANGST VOR GELATINE!

Mit dieser Vorspeise ist Ihnen die Ehrfurcht der Gäste sicher: sie schmeckt herrlich sanft nach Lachs. Die Gelatine sollte Sie nicht abschrecken: Mindestens 15 Minuten einweichen und nicht zu stark erhitzen, dann kann nichts schiefgehen!

Den Lachs mit der Hälfte der Sahne in der Küchenmaschine pürieren. Mit Zitronensaft, Salz und Pfeffer kräftig abschmecken. Die gut in Wasser eingeweichte Gelatine ausdrücken und in einem kleinen Topf bei geringer Hitze auflösen. Unter die Lachsmasse ziehen und diese fast steif werden lassen. Nun die restliche, steif geschlagene Sahne und den Dill vorsichtig unterheben. In eine zuvor mit Wasser ausgespülte Ringform füllen und kalt stellen.
Alle Zutaten für die grüne Sauce, bis auf die Kapern, pürieren und mit Salz sowie Pfeffer abschmecken. Zum Schluss die fein gehackten Kapern unterrühren.
Wenn die Lachsmousse fest ist, auf eine Platte stürzen. Dazu die Ringform kurz in heißes Wasser stellen, dann löst sich die Mousse ganz einfach aus der Form. Portionen abschneiden, mit diversen Sprossen und Rucola dekorieren und mit der Grünen Sauce servieren.

400 g Räucherlachs
¼ l süße Sahne
4 EL Zitronensaft
Salz und weißer Pfeffer
4 Blatt Gelatine
4 EL Dill
gehackt

Sauce Verte (Grüne Sauce)
250 g Joghurt (10 %)
2 geh. EL saure Sahne
1 EL Mayonnaise
2 P. Kresse
1 EL Kapern

zur Dekoration
einige Sprossen
und/oder
Rucolablättchen

Tipp

Wer trotzdem auf Gelatine verzichten möchte, kann auch auf Agar-Agar ausweichen. Das aus Algen gewonnene Geliermittel ist neutral und einfach zu handhaben. So wie auf der Packung beschrieben verwenden!

GRAVED LACHS (REZEPT SEITE 24) >

MOQUECA DE PEIXE

EIN GRUSS AUS BRASILIEN!

Fisch in Kokosmilch! Das Originalrezept stammt aus Bahia, wo die dunkelhäutigen »Baianas« in weißer Tracht stundenlang und mit beneidenswerter Seelenruhe in den Töpfen rühren. Diese Frauen wissen, was gut ist und gut tut! Das Dendê-Öl gibt dem Gericht seinen typischen Geschmack und eine schöne orange Farbe – zur Not geht es auch ohne.

½ weiße Zwiebel
1 Knoblauchzehe
4 Tomaten
enthäutet, entkernt und geviertelt
(siehe Tipp auf Seite 39)

Saft von 1 Limette
1 rote Chilischote
fein geschnitten

2 Dosen Kokosmilch (à 400 ml)
6 Fischfilets
(Seehecht, Kaiserbarsch, Hai oder Seeteufel)

12 rohe, geschälte Gambas oder mehr
(alternativ: TK-Ware)

1 Bund Koriander
1 EL Dendê-Öl
(Palmöl – schwierig zu bekommen; einige Feinkostgeschäfte und Versender für brasilianische Lebensmittel bieten es an!)

Die fein gehackten Zwiebeln und den Knoblauch in wenig Öl andünsten, die Tomatenviertel, den Limettensaft, die geschnittene Chilischote und die Kokosmilch dazugeben und 15 Minuten köcheln lassen! Zehn Minuten vor dem Servieren die Fischfilets und Gambas dazugeben und fertig garen. Zum Schluss mit Koriander bestreuen und mit Reis servieren! Bom apetite!

Gastgeber-Tipp

Bestellen Sie die Zutaten rechtzeitig vorher beim jeweiligen Händler, denn sie werden nicht immer angeboten! Den frischen Fisch und die Scampi für die Moqueca beim Fischhändler ordern, die Kalbshachsenscheiben für das Ossobuco beim Metzger. Wenn Sie nicht den ganzen Tag Zeit für die Zubereitungen haben: Viele Gerichte können Sie am Abend vorher zubereiten wie Lachsmousse, Cachaça-Creme und Crespelle (Pfannkuchen). Und auch die Mousse au Chocolat »überlebt« eine Nacht im Kühlschrank. Alles andere wird Ihren Nachmittag in Anspruch nehmen, denn Zeit für die Abendgarderobe sollte bei einem so liebevollen Dinner unbedingt sein! Und denken Sie an das rechtzeitige Dekantieren der edlen Rotweine …

CRESPELLE DIVERSE

ZARTE VERFÜHRUNG!

Diese hauchdünnen Crespelle sind wie Crêpes ein besonderer Genuss. Herzhaft gefüllt und im Ofen überbacken sind sie der ideale Auftakt für ein elegantes Dinner, denn sie lassen sich gut vorbereiten.
Bei der Füllung sind der Phantasie eigentlich keine Grenzen gesetzt. Man kann sich von den Jahreszeiten inspirieren lassen.
Als Vorspeise reicht man pro Person ein Crespelle, als Hauptgericht sollte man die doppelte Menge rechnen.

Für 8 Crespelle

Teig
2 Eier
6 EL Mehl
200 ml Milch
2 Prisen Salz
Butterschmalz für die Pfanne

Für den Teig alle Zutaten zu einer glatten Masse verrühren. In einer beschichteten kleinen Pfanne hauchdünne Pfannkuchen (Crespelle) mit wenig Butterschmalz backen.

Kochen ist Kultur, die unsere Lebenseinstellung und unseren Lebensstil widerspiegelt.

Kochen ist in, Fast Food ist out! Eleganz und Selbstbewusstsein machen die Küche heute zu einem »In-Place«, Lässigkeit und Nonchalance beim Kochen sind angesagt! Kein Schweiß, keine Tränen: Es lebe die Leichtigkeit!

FÜLLUNGEN

Für die Pilzfüllung die Pfifferlinge, Champignons oder Steinpilze mit einer Pilzbürste abbürsten (niemals waschen!). Knoblauch und Zwiebel fein hacken und in Butter andünsten.
Pfifferlinge bleiben ganz, Champignons und Steinpilze in Scheiben schneiden und dazugeben. Mit Tomatenwürfeln und Weißwein ablöschen. Die Pilzfüllung etwas reduzieren, mit Salz und Pfeffer abschmecken und zum Schluss frisch gehackte Petersilie darüber streuen.

Für die Spinat-Ricotta-Füllung den Blattspinat auftauen lassen und mit etwas Butter im Topf erwärmen. Ricotta, Pinienkerne, frisch geriebenen Parmesan und Knoblauch unterheben, mit Salz und Pfeffer würzen.
Wer es etwas kräftiger mag, ersetzt den Ricotta und Parmesan durch Feta und Crème fraîche.

Einen Spiegel aus Pizzatomaten und Olivenöl auf dem Boden einer feuerfesten Form verteilen. Die Füllungen jeweils auf den Crespelle verteilen und einrollen. Die gerollten Crespelle auf den Tomatenspiegel legen.
Den Mozzarella in Scheiben schneiden, auf den Crespelle verteilen. Im Backofen bei mittlerer Hitze (ca. 180 °C, Umluft ca. 160 °C) 30 Minuten auf der mittleren Schiene goldbraun überbacken.
Die Crespelle mit frisch geriebenem Parmesan und Salat servieren.

Füllung I

500 g Pilze
(Pfifferlinge, Champignons und/oder Steinpilze)

Butter zum Anbraten
2 Knoblauchzehen
1 kleine Zwiebel
2 Tomaten
enthäutet, entkernt und gewürfelt

⅛ l Weißwein
½ Bund Petersilie
fein gehackt

Salz und Pfeffer

Füllung II

1 Packung TK-Blattspinat
(ca. 450 g)

1 Knoblauchzehe
zerdrückt

200 g Ricotta, 2 EL Pinienkerne und 50 g Parmesan
oder:
250 g Fetaschafskäse
2 EL Crème fraîche
Salz und Pfeffer

Tomatenspiegel

400 g Pizzatomaten
(Tomaten in Stückchen; 1 kleine Dose)

2 EL Olivenöl »extra vergine«
1 Mozzarella zum Überbacken

Tipp

Tomaten lassen sich leicht häuten, wenn man sie kurz in siedendes Salzwasser gibt, mit dem Schaumlöffel wieder herausholt und kalt abbraust. Dann lässt sich die Haut problemlos abziehen.

OSSOBUCO

GELINGT VON ALLEINE!

Fleisch und Gemüse gehen eine sehr aromatische Verbindung ein. Das Gericht schmort im Ofen vor sich hin und Sie können sich Ihren Gastgeberfreuden widmen!

Zwiebelwürfel und Knoblauchzehen (davon eine Zehe zurückbehalten) andünsten, geschälte und entkernte Tomaten dazugeben und bei geringer Hitze 15 Minuten mit Thymian, Petersilie und den Lorbeerblättern garen. Fenchelknolle, Möhren und Sellerie grob raspeln, dazugeben und weitere zehn Minuten dünsten.
Kalbshachsenscheiben salzen, pfeffern und in Mehl wälzen. Mit Öl in einer erhitzten Pfanne scharf anbraten, dann in eine feuerfeste Form geben. Bratenfond mit Weißwein und Hühnerbrühe ablöschen und über das Fleisch gießen.
Das vorgedünstete Gemüse über den Kalbshachsenscheiben verteilen, so dass sie gut bedeckt sind und die Kräuterzweige dazugeben.
Zwei Stunden im Backofen bei mittlerer Temperatur (180 °C) garen, während der letzten Stunde mit Alufolie abdecken.
Vor dem Servieren die Kräuterzweige und Lorbeerblätter entfernen und mit Gremolata bestreuen!
Dazu schmeckt Reis, Risotto (Rezept Seite 41) oder gutes Ciabatta!

4 rote Zwiebeln
gewürfelt

2–3 Knoblauchzehen
gehackt

6 Tomaten
enthäutet, entkernt und grob gewürfelt
(oder 1 große Dose Pizzatomaten à 850 g)

1 Zweig Thymian
3 Zweige Petersilie
2 Lorbeerblätter
1 Fenchelknolle
2 Karotten/Möhren
1 Stange Staudensellerie
6 Kalbshachsenscheiben mit Knochen
(beim Metzger bestellen)

Salz und Pfeffer
etwas Mehl
¼ l Weißwein
½ l Hühnerbrühe
(Instant), alternativ: Kalbsfond

Gremolata

1 TL abgeriebene Schale einer unbehandelten Zitrone
(oder Orange)

1 Knoblauchzehe
zerdrückt

1 Handvoll krause Petersilie
gehackt

RISOTTO
RÜHREN WIRD BELOHNT!

Sehr fein und sehr bekömmlich: Risotto ist eine echte Leibspeise. Den richtigen Dreh und alle Variationen haben Sie bestimmt bald raus.

Die Zwiebel oder die Schalotten klein hacken und glasig dünsten. Den Reis dazugeben und mit anbraten, ohne dass die Zwiebel zu braun wird. Mit dem Weißwein und zwei Schöpflöffeln der Hühnerbrühe ablöschen. Die geschälte Knoblauchzehe im Ganzen zufügen. Mindestens 30 Minuten geduldig (!) rühren und immer wieder mit einem Schöpflöffel Brühe zugießen, bis der Reis weich ist. Der Risotto sollte eine cremige Konsistenz und die Reiskörner einen leichten Biss haben. Mit Salz und Pfeffer abschmecken, dann den Safran einrühren, bis der Reis eine schöne gelbe Farbe hat.
Man kann kurz vor dem Servieren eine Tasse geriebenen Hartkäse (Parmesan oder Pecorino) unterrühren.
Den fertigen Risotto mit frisch geriebenem Parmesan servieren. Dazu grüner Salat – und der Genuss ist perfekt!

1 weiße Zwiebel
oder 2 Schalotten

400 g Arborioreis
oder Carnarolireis

¼ l Weißwein

1–1½ l Hühner- oder Gemüsebrühe
(Instant)

1 Knoblauchzehe
Salz und Pfeffer
1 Tütchen Safranfäden

Varianten

Zu diesem Grundrezept gibt es viele Varianten:

- Tomatenstücke und Tomatenmark mitgaren; geriebenen Emmentaler direkt vor dem Servieren einrühren
- mit klein geschnittenen, frischen Steinpilzen oder Champignons
- mit jungem, gehackten Spinat (auch TK-Ware)
- mit Zitronenzesten*, etwas Zitronensaft, Safran und Scampi, die erst zehn Minuten vor dem Servieren im heißen Reis mitgegart werden
- mit grünen und weißen Spargelstückchen

*feine Schalenstreifen einer unbehandelten Zitrone

ZIEGENKÄSE-KNÖDEL
DESSERT FÜR KÄSEFREAKS!

Diese Nachspeise ersetzt den Käseteller und ist eine echte Alternative für alle, die es eher süß mögen. Sie können sich das so nicht vorstellen? Probieren Sie es aus!

Jeweils ein 2 cm breites Stück von der Ziegenkäse-Rolle abschneiden und die Rinde entfernen. Den Käse vorsichtig in den Kloßteig packen, so dass etwa vier bis fünf tennisballgroße Klöße entstehen.
In sanft sprudelndes Salzwasser geben, danach Temperatur zurückschalten, denn das Wasser darf dann nur noch sieden. Die Klöße nach 30 Minuten herausnehmen.
Zeitgleich ein Kompott aus den zwei Birnen zubereiten: Die Birnen dazu schälen, entkernen und in kleine Stücke schneiden und mit dem Zucker dünsten, bis die Birnen weich sind.
Haselnüsse und Semmelbrösel in der Butter anbräunen und über die Klöße geben. Auf dem Birnenkompott-Spiegel heiß servieren.

1 Rolle Ziegenkäse
nicht zu frisch, aber auch nicht zu intensiv

1 P. frischer Kloßteig
für rohe Kartoffelklöße
(fertig aus dem Kühlregal)

Salz für das Kloßwasser

Kompott
2 Birnen
1 EL Zucker
3 EL Haselnüsse
gerieben
2 EL Semmelbrösel
Butter

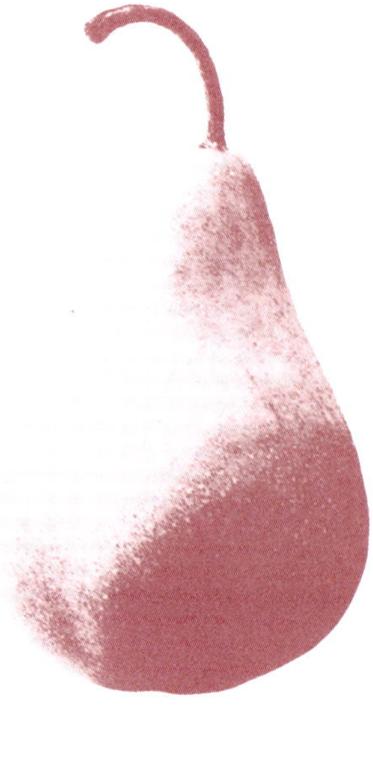

CACHAÇA-CREME

CAIPIRINHA-FEELING

Diese erfrischende Creme ist der gelungene Abschluss für einen heißen Sommerabend – mit oder ohne Samba. Ein sonniger Genuss, der die Copacabana auf die Teller zaubert.

Die Schale der Limetten abreiben. Den Saft auspressen. Die Gelatine zehn Minuten in kaltem Wasser einweichen. Eigelbe, Puderzucker und lauwarmes Wasser über dem heißen Wasserbad cremig aufschlagen. Gelatine ausdrücken und darin auflösen. Creme abkühlen lassen und zwischendurch umrühren.
Limettensaft und -schale, Joghurt und Cachaça unter die Creme ziehen. Das Ganze so lange in den Kühlschrank stellen, bis es anfängt fest zu werden.
Steif geschlagene Sahne unter die Creme heben. Eine kleine schmale Kastenkuchenform (18 cm Länge) mit Öl einfetten und mit Alufolie oder Klarsichtfolie auskleiden.
Die Pistazien auf dem Boden der Form darauf verteilen und die Creme einfüllen. Sie sollte mindestens für drei Stunden in den Kühlschrank!
Zum Servieren aus der Form stürzen und die Folie entfernen. Mit einer Mischung aus gehackter Minze und Zucker dekorieren!

2 Limetten
unbehandelt

3 Blatt weiße Gelatine
2 sehr frische Eigelb
75 g Puderzucker
2 EL lauwarmes Wasser
150 g Sahnejoghurt (10 %)
7 EL Cachaça
(brasilianischer Zuckerrohrschnaps)

Öl für die Form
100 ml Sahne
steif geschlagen

2 EL Pistazienkerne
ungesalzen, gehackt

4 Minzezweige
30 g Zucker

Weinempfehlung

Das Beste aus Ihrem Keller ist für diesen Anlass gerade gut genug: Als Apéritif einen Champagner, einen hochwertigen Winzersekt oder edlen Crémant, für die Fischgänge einen Sancerre, Chablis oder Arneis und für die Fleischgerichte einen Bordeaux Grand Cru oder einen Barolo. Eine hochwertige Beerenauslese, ein Sauternes oder ein eleganter Gewürztraminer ergänzen das Dessert harmonisch.

MOUSSE AU CHOCOLAT

DIE HOHE SCHULE!

Dieses feine Dessert ist der Klassiker: Keine banale Schokocreme, sondern das Nonplusultra!

Schokolade und Butter im Wasserbad oder auf kleinster Stufe vorsichtig in einem kleinen Topf erhitzen und auflösen. Eiweiß schlagen, bis es anfängt fest zu werden, dann den Zucker dazugeben und steif schlagen. Den Topf mit der geschmolzenen Schokolade neben den Herd stellen und die Eigelbe einrühren. Anschließend etwa ein Drittel des Eischnees mit der Schoko-Eigelb-Creme in einer Schüssel zu einer homogenen Masse rühren, dann den restlichen Eischnee mit einem Löffel sorgfältig unterheben. Einige Stunden im Kühlschrank kühl stellen und bei Zimmertemperatur servieren!
Wer es cremiger mag, kann steif geschlagene Sahne unterziehen; wer es kräftig und würzig mag, die Mousse mit Cognac, Rum oder Espresso verfeinern oder mit Ingwermus, Orangen- oder Zitronenzesten parfümieren. Aufregend wird die Mousse au Chocolat mit einer Prise Chilipulver!

250 g feine Zartbitter-Schokolade
(Kakaogehalt mindestens 70 %)

50 g Butter
6 Eiweiß
50 g Zucker
5 Eigelb

nach Geschmack:

1 Tasse Sahne
steif geschlagen

1 EL Cognac oder Rum oder Espresso
1,5 cm Ingwerwurzel
fein gerieben

Orangen- oder Zitronenzesten
1 Prise Chilipulver

Dekorations-Tipp

Auf jeden Fall edel – und das bedeutet edle Stoffe, Kristallgläser, Stoffservietten, Tafelsilber (evtl. nachpolieren) und Kerzen sowie Blumenarrangements vom Floristen (es sei denn, Sie haben dafür ein Händchen). Handgeschriebene Platz- und Menükarten auf handgeschöpftem Papier sind zu einem besonderen Anlass für jeden Gast eine schöne Erinnerung. Ebenfalls ein glanzvoller Blickfang: große Blätter, auf die mit einem Metallicstift die Namen der Gäste geschrieben werden.

4 JUST FOR FUN – ALLE HELFEN MIT

Kochen ist ein schöpferischer Akt, er ist kreativ und voller Magie und trotzdem keine Hexerei. Kochen ist sexy ...

Seit Evas Apfel ist Essen Verführung und auch Versöhnung: Essen besänftigt die Gemüter, stimmt uns milde, wir sind bereit, bei einer gemeinsamen Mahlzeit zu verzeihen.

GLASNUDELSALAT

SPRICHT ALLE GESCHMACKSNERVEN AN!

Die exotische Kombination aus frischen Kräutern, Garnelen und Glasnudeln macht diesen Salat zu einer ganz besonderen Vorspeise. Es gibt viel zu hacken und zu schneiden, ideal also für viele Köche!

Die Glasnudeln kurz (zwei Minuten) in kochendes Wasser geben, im Sieb abtropfen lassen und mit kaltem Wasser spülen. Wer sie kürzer mag, kann sie mit einer Schere zerschneiden! Die abgetropften Glasnudeln beiseite stellen. Ingwer, Limettensaft, Sojasauce, Hoisin-Sauce, Sesamöl und Olivenöl verrühren. Mit Meersalz und Pfeffer abschmecken. Die Chilischote, Kräuter, Frühlingszwiebeln und Erdnüsse klein hacken und alles vermengen. Zum Schluss die Glasnudeln und die Garnelen dazugeben.
Wenn man es »salatiger« mag, einfach eine grob geraspelte Salatgurke zufügen. Vorsichtig durchmischen und abschmecken.

100 g Glasnudeln
(1 Paket)

2 TL geriebener Ingwer
(gibt es auch aus dem Glas im Feinkostgeschäft oder Asialaden!)

3 EL Limettensaft
2 EL dunkle Sojasauce
1 EL Hoisin-Sauce
1 EL Sesamöl
3 EL mildes Olivenöl
Meersalz und Pfeffer
1 rote Chilischote
1 Bund Koriandergrün
1 Handvoll frische Pfefferminze
3 Frühlingszwiebeln
1 Handvoll Erdnüsse
geröstet, ohne Salz

300 g kleine Garnelen
gekocht und geschält, oder Flusskrebse (oder 2 Becher Grönlandkrabben in Lake)

1 Salatgurke
(nach Geschmack)

FILET AMÉRICAIN
NICHTS FÜR AMERIKANER!

Ein Klassiker aus Belgien: Alles muss frisch sein und die Zutaten ganz klein gehackt! Die Mayonnaise importieren Sie am besten auch gleich aus Belgien – oder Sie machen sie selbst. Auch wenn sich viele bei rohem Fleisch zieren, so können die meisten dem appetitlich präsentierten Endprodukt – auf Toast mit Salat und Tomaten – dann doch nicht widerstehen.

1 EL echte Mayonnaise
1 EL Senf
1 Eigelb
einige Tropfen Essig und Öl
250 g Rindfleischtatar
(ganz frisch!)
1 Prise Paprikapulver
edelsüß
1 kleine weiße Zwiebel
3 Cornichons
1 EL Kapern
Salz und Pfeffer
Sandwich-Toast

Zur Dekoration:
einige Salatblätter
2 saure Gurken in Scheiben
gehackte Zwiebel
1 Tomate in Scheiben

Mayonnaise, Senf, Eigelb, Essig und Öl mit dem Tatar vermengen und mit Edelsüßpaprika würzen. Die Zwiebel und Gürkchen ganz fein hacken, die Kapern klein schneiden, zum Tatar geben und mit Salz und Pfeffer abschmecken.
Auf frisch getoasteten Brotscheiben mit Salatblättern anrichten, mit Tomaten- und Gurkenscheiben sowie gehackter Zwiebel dekorieren und servieren.

Selbstgemachte Mayonnaise

Voraussetzung für das Gelingen ist, dass alle Zutaten Zimmertemperatur haben. Ein sehr frisches (!) Eigelb mit einem Esslöffel mildem Senf und einem halben Teelöffel Zitronensaft oder Essig in einer nicht zu großen Schüssel verrühren. Dann tropfenweise Öl dazugeben und mit dem elektrischen Handrührer auf Intervallschaltung rühren, damit die Mischung gut emulgiert. Wenn die Mayonnaise anfängt fest zu werden, das Öl in feinem Strahl unter größerer Rührer-Geschwindigkeit einfließen lassen. Zum Schluss mit Salz und Pfeffer abschmecken. Frische Mayonnaise rasch verbrauchen – sie hält maximal einen Tag im Kühlschrank.

CHOP SUEY

CHINESISCH FÜR ALLE

Wetzt die Messer und los geht's! Das ideale Gericht für eine lustige Runde in der Küche und eine gute Beschäftigung für Groß und Klein. Gelingt immer – solange Sie nicht Chinesisch reden!

Das Fleisch in sehr dünne Streifen schneiden und mindestens 30 Minuten in einer Marinade aus Sojasauce, Sesamöl und gepresstem Knoblauch ziehen lassen. In der Zwischenzeit die Pilze putzen und je nach Größe vierteln oder halbieren, das Gemüse waschen, putzen und in feine Ringe bzw. Streifen schneiden.
Das Fleisch nun aus der Marinade nehmen und bei starker Hitze in wenig Öl in Pfanne oder Wok knusprig braten und beiseite stellen.
Das Gemüse je nach Garzeit in Pflanzenöl anbraten, so dass es knackig bleibt: Zuerst die Paprika und Möhren und zum Schluss die Champignons, Shiitakepilze und Frühlingszwiebeln dazugeben. Vor dem Servieren das Gemüse und das Fleisch vermengen und kurz mit den Sojasprossen erhitzen. Mit Sojasauce abschmecken! Mit geröstetem Sesam bestreuen.
Dazu passen Reis und Glasnudeln gut.

500 g Rindersteak
oder Hähnchenbrust

3 EL Sojasauce
2 EL Sesamöl
1 Knoblauchzehe
durchgepresst

Pflanzenöl zum Braten
4 Karotten/Möhren
1 rote Paprika
1 Chilischote
(nach Geschmack, wer es scharf mag)

200 g frische Champignons
1 Handvoll frische Shiitakepilze
3 Frühlingszwiebeln
weitere Gemüse je nach Saison:
Brokkoli, Zuckerschoten, Prinzessbohnen, Spargel usw.

2 Handvoll Sojasprossen
2 EL Sesamkörner
ohne Fett angeröstet

Gastgeber-Tipp

Räumen Sie alles aus dem Weg, was Sie nicht zum Kochen brauchen. Viele Köche brauchen viel Platz! Ist die Küche zu klein, verlegen Sie die Teamarbeit ins Esszimmer. Dort können alle nach Herzenslust hacken und schneiden. Halten Sie genügend Schürzen, Geschirrtücher, Probierbesteck und -teller bereit, denn hier ist Selbstbedienung angesagt.

COUSCOUS ROYAL

MAGIE DES ORIENTS!

Viel Exotik für viele Esser (mindestens zehn) – auf dass der Tisch voll und fröhlich werde! Und merke: Bei vollem Bauch ist der Bauchtanz noch mal so schön.

Die gewürfelte Zwiebel und den klein gehackten Knoblauch andünsten. Die Fleischwürfel in einem gusseisernen Topf separat scharf anbraten. Die Tomatenwürfel und die Kichererbsen dazugeben. Möhren in Scheiben schneiden und mitdünsten. Auberginen- und Zucchiniwürfel separat anbraten. Zu den restlichen Zutaten geben. Mit ein wenig Wasser aufgießen und mindestens eine Stunde bei geschlossenem Deckel schmoren lassen. Mit Salz, Pfeffer und Kreuzkümmel abschmecken.
Den Couscous (Instantprodukt aus mittelgrobem Weizengrieß) nach Anleitung zubereiten und mit der Gemüse-Fleischmischung servieren. Köstlich dazu schmeckt eiskalter Joghurt, der mit Salz und Pfeffer gewürzt ist.

1 Gemüsezwiebel
2–3 Knoblauchzehen
1½ kg Lammfleisch
oder Rindfleisch, gewürfelt
4–5 große Tomaten
gehäutet, entkernt und klein geschnitten
4 Karotten/Möhren
1 große Aubergine
gewürfelt
4 kleine Zucchini
gewürfelt
1 Dose Kichererbsen
Salz und Pfeffer
2–3 EL Kreuzkümmel
gemahlen
3 Tassen Couscous-Grieß
(Instant)
200 g Joghurt (10 %)

Gastgeber-Tipp

Einiges können Sie im Vorfeld erledigen: Glasnudeln kochen, damit sie abkühlen können, die Zitronenmousse zubereiten, damit sie im Kühlschrank fest wird. Zwischendurch ein idealer Motivations-Snack für alle Mitstreiter: Das Filet Américain auf kleinen Baguettescheiben mit selbst gemachter Mayonnaise (Rezept Seite 49) macht Lust auf mehr!

GLASNUDELSALAT (REZEPT SEITE 48) >

RATATOUILLE

FRANZÖSISCH FÜR ANFÄNGER

Für alle, die Gemüse lieben und nicht viel Kocherfahrung haben. Ratatouille ist eine tolle Beilage: bunt, leicht und gesund! Für viele Genießer, die auch gerne mithelfen dürfen. Die Salatgurke ist nicht original französisch, sie macht die Mischung aber noch sommerlich-leichter.

Die Zwiebel und den Knoblauch in Olivenöl andünsten. Die Aubergine mit anbraten. Die Tomaten klein schneiden und hinzufügen. Die Zucchini und die Paprika in mittelgroße Würfel schneiden und mitkochen. Die Salatgurke schälen, längs aufschneiden, die Kerne entfernen, ebenfalls in Stücke schneiden und zugeben. Die Gemüsemischung mindestens 40 Minuten bei mittlerer Hitze köcheln lassen. Das Gemüse sollte nicht sehr knackig sein, sondern so weich, dass sich alle Aromen miteinander vermischen. Ein guter Schluck Weißwein verfeinert den Geschmack.
Mit Salz und Pfeffer abschmecken. Die Prinzessbohnen erst kurz vor Schluss dazugeben.
Ratatouille ist die beste Beilage zu gegrillten Lammkoteletts (im Sommer) oder zu einem hauchzarten Kalbsschnitzel. Dieser Gemüseeintopf schmeckt wunderbar mit Baguette oder Reis!

1 große Gemüsezwiebel
oder weiße Zwiebel, grob gewürfelt

2 Knoblauchzehen
gehackt

2 EL Olivenöl

1 Aubergine
gewürfelt

6 Tomaten
enthäutet oder
1 große Dose Tomaten (850 g)

3–4 kleine Zucchini

2 rote Paprika

1 Salatgurke

etwas Weißwein

1 Handvoll Prinzessbohnen
(auch TK-Ware)

Salz und Pfeffer

< OMIS TOMATENSUPPE (REZEPT SEITE 62)

OBSTSALAT

1000 VITAMINE!

Hier ist Teamarbeit in der Küche gefragt! Vor allem kleinere Köche sind voller Vorfreude und bearbeiten diese Obstmischung meistens mit vollen Backen! So machen Vitamine Spaß!

Das Obst schälen und in kleine Stücke schneiden. Die Orangen unbedingt filetieren, dann wird der Obstsalat zu einem besonderen Genuss:
Die Orangenschale mit einem sehr scharfen Messer rundherum (spiralenförmig) abschneiden, so dass keine weiße Haut mehr zu sehen ist. Jetzt die Orangenfilets als Spalten aus den weißlichen Segmenthäuten herausschneiden. Die Obststücke mischen und etwas durchziehen lassen. Die Himbeeren werden noch gefroren vorsichtig untergemischt. Nach Geschmack mit Zucker abschmecken. Die Mandelblättchen kurz vor dem Servieren darüberstreuen.
Dieser Obstsalat schmeckt ganz köstlich mit flüssiger Sahne oder Vanilleeis!

2 Birnen
2 Bananen
4 Orangen
1 Apfel
1 Handvoll kernlose Trauben
3 Scheiben Ananas
sowie je nach Jahreszeit: Melone, Erdbeeren, Kiwi, Mango, Granatapfel usw.

200 g TK-Himbeeren
3 EL Mandelblättchen
¼ l flüssige Sahne
oder 1 P. Vanilleeis!

Tipp

Bananen, Äpfel oder Birnen werden nicht braun und unansehnlich, wenn sie sofort nach dem Schneiden mit frischem Zitronensaft beträufelt und luftdicht mit Frischhaltefolie abgedeckt werden.

ZITRONENMOUSSE

ZITRONIG LEICHT!

Eine große Portion für viele Gäste. Sauer macht lustig!

Gelatine zehn Minuten in kaltem Wasser einweichen, ausdrücken und bei geringer Hitze auflösen. Eigelb und Zucker schaumig rühren, bis die Creme eine weißliche Farbe angenommen hat. Zitronensaft und abgeriebene Schale untermischen. Aufgelöste Gelatine vorsichtig unter ständigem Rühren zugeben. Eischnee locker unterziehen und die geschlagene Sahne unterheben. Mehrere Stunden kalt stellen, bis die Creme fest ist.

8 Blatt Gelatine
8 Eigelb
200 g Zucker
Saft von 4 Zitronen
Schalenabrieb von 1 Zitrone
unbehandelt

8 Eiweiß
steif geschlagen zu Eischnee

¼ l Sahne

Tipp

Die hellgelbe Creme sieht wunderschön aus, wenn sie mit roten Beeren und Minzeblättern dekoriert wird!

Getränkeempfehlung

Gut gekühlter Prosecco belebt und ist das beste Getränk in der Hitze des Gefechts! Was es danach zu trinken gibt, wird nicht mehr auf die Goldwaage gelegt: Ein kaltes Bier passt genauso wie heißer Grüner Tee oder Jasmintee (der außerdem die Schärfe nimmt und einen klaren Kopf garantiert).

5 KINDERLIEB – DAS BESTE HAPPY–MEAL

KNUSPERLE

FÜR VIEL BESUCH MIT VIEL HUNGER!

Knusperle eignen sich hervorragend als Beschäftigungstherapie für ungeduldige und hungrige Kids. Entsprechend einfach ist die Zubereitung! Es schmeckt allen immer und kann nach Herzenslust variiert werden. Danach ist der erste Hunger gestillt und die Brotreste vom Vortag haben eine leckere Verwendung gefunden!

1–2 Baguettes
(auch vom Vortag!)

Butter zum Bestreichen

6 Scheiben gekochter Schinken
in Streifen geschnitten, oder
1 Handvoll gewürfelter roher Schinken

3 Tomaten
in Scheiben geschnitten
oder 1 kleine Dose Ananasstücke

200 g geriebener Käse
(Gouda, Emmentaler oder Hartkäse)

frisch gemahlener Pfeffer
oder
1 TL Oreganopulver

Den Ofen auf 200 °C vorheizen. Das Baguette in fingerdicke Scheiben schneiden, auf ein mit Backpapier ausgelegtes Backblech legen und mit Butter bestreichen. Die gebutterten Brotscheiben kann man jetzt je nach Geschmack mit Schinkenstreifen oder -würfeln, mit Tomatenscheiben oder Ananaswürfeln belegen und mit Käse bedecken. Pfeffer oder Oregano darüberstreuen. Für zehn Minuten auf die unterste Schiene in den vorgeheizten Ofen stellen und bei 180 °C Umluft backen, bis der Käse eine goldbraune Farbe annimmt.

Gastgeber-Tipp

Seien Sie gerüstet für die Invasion der Kleinen: Sind Suppen und Saucen fertig? Ist alles bereit für den kleinen und großen Hunger? Denken Sie an genügend Strohhalme!
Bloß keine Hektik in der Küche: Die kleinen Gäste wollen Ihre volle Aufmerksamkeit genießen! Kinder helfen sehr gerne in der Küche mit, wenn man sich Zeit für sie nimmt. Verteilen Sie an jedes (!) Kind Aufgaben in der Küche und schaffen Sie den Kindern zwischendurch Freiräume – Geschicklichkeitsspiele oder sportliche Pausenspiele bringen Abwechslung.

OMIS TOMATENSUPPE

SO SCHMECKT DER SOMMER!

Dieses Rezept stammt von meiner Mutter, die im Sommer Berge von Tomaten zu Suppe verarbeitet. Die vielen Enkelkinder sind immer begeistert!
Der pure und intensive Geschmack von Tomaten ist so verführerisch und einmalig intensiv, dass es nie Reste gibt.

Die grob gehackte Zwiebel und die ganzen Knoblauchzehen andünsten und mit den klein geschnittenen Tomaten eine Stunde bei geschlossenem Deckel köcheln.
Das Ganze durch die feine Scheibe der »Flotten Lotte« (Passiermühle) drehen, mit Salz und Pfeffer abschmecken und fertig ist eine Tomatensuppe, die intensiv nach Tomate schmeckt.
Dazu passt frisch gehacktes Basilikum, ein Schuss Sahne und selbst geröstete Croûtons (Weißbrotwürfel in Butter gebraten). Pur serviert ist diese Suppe eine Bereicherung für jedes Fest.

1 Gemüsezwiebel
3 Knoblauchzehen
2 kg sonnengereifte Tomaten
klein geschnitten

Salz und Pfeffer

Tipp

Wenn sie diese köstliche Suppe in einer anderen Jahreszeit zubereiten möchten, in der Sie keine sonnengereiften, sommerfrischen Tomaten bekommen können, kann ein Teelöffel Zucker dem Geschmack auf die Sprünge helfen.

KARTOFFELSUPPE – KINDERLEICHT

ABER BITTE MIT WÜRSTCHEN!

Das ist die Gute-Laune-Suppe für kalte und grau-triste Tage. Schon der Anblick – und erst der Duft – der dampfenden Suppe wärmt von innen und von außen. Es ist alles drin, was Kinder mögen!

1 ½ l Gemüsebrühe
(instant)

4–6 große Kartoffeln
mehligkochend

4 Karotten/Möhren
1 Lauchstange
1 Stück durchwachsener Räucherspeck
(nach Geschmack)

Salz und Pfeffer
2 EL Majoran
125 ml Sahne
2 Mettwürstchen
4 Paar Wienerwürstchen
(oder Frankfurter)

Die Gemüsebrühe aufsetzen und zum Kochen bringen. In der Zwischenzeit die Kartoffeln und Möhren schälen und in kleine Stücke schneiden. Den Lauch gut waschen, in Ringe schneiden und alles in die kochende Gemüsebrühe geben.
Wer es deftig mag, kann den Speck mitkochen, er dient dem Geschmack und man kann ihn herausnehmen, wenn die Suppe fertig ist.
Das weich gekochte Gemüse nach 25 Minuten mit einem Pürierstab zerkleinern. Die Suppe mit Salz, Pfeffer, Majoran und Sahne abschmecken. Die Mettwürstchen zehn Minuten mitköcheln lassen. Erst ganz zum Schluss kommen die Wienerwürstchen in die Suppe, die nicht mehr kochen darf (sonst platzen sie!).
Dazu schmecken Croûtons (in Butter geröstete Weißbrotstückchen).

Dekorations-Tipp

Kinder lieben es bunt! Bringen Sie farbenfrohes Geschirr auf den Tisch. Auch der kleinste Gast bemerkt einen schön gedeckten Tisch und weiß leckeres Essen, das ihm zuliebe gekocht wurde, zu schätzen und benimmt sich entsprechend!

SPAGHETTI BOLOGNESE

SIMPLY THE BEST!

Der Klassiker aus Norditalien, der aus uns glücklichere Menschen macht! Diese Tomaten-Hackfleisch-Sauce mit Spaghetti mag nicht zu den raffiniertesten Gerichten zählen, steht aber mit Sicherheit auf Platz 1 aller Lieblingsgerichte. Es bietet sich an, diese Sauce in der doppelten Menge vorzubereiten, damit man für jede Invasion gerüstet ist – zu jeder Tages- und Nachtzeit!

1 Zwiebel
etwas Olivenöl
500 g gemischtes Hackfleisch
2 große Dosen Tomaten
(à 850 g)
500 ml passierte Tomaten
100 g Tomatenkonzentrat
(entspricht ½ Tube)
1 TL Rosmarin
gehackt
1 TL Thymianpulver
1 TL Basilikum
gerebelt
1 TL Oreganopulver
Salz und Pfeffer
1 Prise Zucker
(nach Geschmack)

Die Zwiebel klein hacken und in Olivenöl glasig dünsten. Das Hackfleisch dazugeben und bei mittlerer Hitze goldbraun anbraten. Dosentomaten, passierte Tomaten und Tomatenkonzentrat sowie die Gewürze mit dem Hackfleisch eine Stunde köcheln lassen. Dann erst die Tomaten im Topf etwas zerkleinern. Mit Salz, Pfeffer und nach Geschmack mit einer Prise Zucker abschmecken. Nach etwa einer weiteren Stunde ist die Sauce perfekt. Mit Spaghetti und unbedingt mit frisch geriebenem Parmesan servieren.
Buon appetito!

Kochen ist die beste Diät! »Ich koche, weil ich es mir wert bin.«

Wer genussvoll kocht und mit Genuss und Muße isst, ernährt sich automatisch gesund und hält sein Gewicht, weil er auf gute Zutaten und Frische achtet. Das gemeinsame Essen fördert das Gespräch, wir essen langsam und mit Bedacht, Seele und Körper sind zufrieden und satt! Die Tatsache, dass ich mit anderen teile und mich mitteile, verhindert das »einsame Fressen«…

PUTENFLEISCH SÜSS-SAUER

EINFACH LECKER!

Was koche ich, wenn der Kühlschrank fast leer ist (nach einem Wochenende, an dem viele Kinder da waren!) und sich dort nur noch Paprika, Tomaten und etwas Putenfleisch befinden? Mit Ananas und Tomaten aus der Dose und Ingwer aus dem Glas lässt sich schnell ein exotisches Gericht komponieren, das an die ersten Besuche im China-Restaurant mit »Schweinefleisch süß-sauer« erinnert. Dieses Gericht ist bei den »Kids« total angesagt!

Das Putenfleisch in mundgerechte Stücke schneiden und in Öl anbraten. Die Dosentomaten dazugeben. Die Ananas klein schneiden und mit 3 EL Dosensaft ebenfalls hinzufügen. Wenn die Mischung anfängt zu köcheln, die frischen Tomaten, die Zwiebel und die Paprika in Stücke schneiden und in die Sauce geben. Mit Ingwer, Salz, Pfeffer, Zucker und ein bisschen Essig abschmecken und mit der aufgelösten Speisestärke binden. Noch zehn Minuten weiter schmoren, dann mit Reis servieren!

500 g Putensteaks
Öl zum Anbraten
400 g Pizza-Tomaten
(1 kleine Dose Tomaten in Stücken)
400 g Ananas in Scheiben
(1 kleine Dose)
2-3 Tomaten
1 Zwiebel
1 rote oder grüne Paprika
1 TL Ingwer
frisch geriebener, auch im Glas erhältlich
1 TL Salz
1 TL Szechuan-Pfeffer
1 TL Zucker
1 TL Weinessig
1 EL Speisestärke
(in 1 EL Wasser aufgelöst)

Getränkeempfehlung

Eistee oder eine spritzige Saftschorle sind eine gute Erfrischung. Ein alkoholfreier Fruchtdrink, der »wie für die Großen« gemixt und bunt dekoriert ist, findet mit Sicherheit strahlende Abnehmer.

WAFFELN MIT BUTTERMILCH

DA FREUEN SICH AUCH DIE GROSSEN! WUNDERVOLL ...

Eier, Mehl und Buttermilch zu einem glatten Teig verrühren. Zucker, Vanillezucker, Zimt (oder Zitronensaft und -schale) und Salz dazugeben.
Ungefähr 2 bis 3 EL Teig gleichmäßig in das vorgeheizte Waffeleisen verteilen. Waffeleisen schließen und die Waffeln drei Minuten backen.
Schmeckt köstlich mit Sauerkirschen, geschlagener Sahne, Zimt und Zucker und vor allem mit Nussnougatcreme!

Für 10 Waffeln und ein Waffeleisen!

2 Eier
200 g Mehl
400 ml Buttermilch
40 g Zucker
1 P. Vanillezucker
2 TL Zimt
oder 1 TL geriebene Zitronenschale
und 1 TL Zitronensaft

1 Prise Salz

PFANNKUCHEN NACH HERZENSLUST

FESTESSEN FÜR KIDS!

Kinderleicht zuzubereiten – das geht auch in Eigenregie der Kinder!

Alle Zutaten zu einem glatten Teig verrühren.
In einer beschichteten kleinen Pfanne Butterschmalz erhitzen und aus jeweils einem Schöpflöffel Teig einen Pfannkuchen von beiden Seiten goldbraun backen.

Für 10 Pfannkuchen

4 Eier
12 EL Mehl
400 ml Milch
1 Prise Salz
Butterschmalz zum Braten

Tipp

Dazu schmecken:

- Nussnougatcreme
- Zimt und Zucker
- Marmelade
- gebratene Apfelscheiben

6 GUT FÜR DIE SEELE – WIE BEI MUTTERN

HÜHNERSUPPE

HEISS GELIEBT!

Ein wenig Zeit muss man sich schon nehmen, aber dafür ist diese Suppe mit Nudeln oder Reis eine komplette Mahlzeit. Mit dem Gemüse Ihrer Wahl kommt das Suppenhuhn zu höchsten Ehren!

1½ l Gemüsebrühe
oder Hühnerbrühe (Instant)

1 Suppenhuhn

1 Bund Suppengrün
(Lauch, Knollensellerie, Karotte/Möhre, Petersilienwurzel)

Gemüse nach Wahl und Saison
(Karotten/Möhren, Blumenkohl usw.)

200 g Reis
oder Nudeln bzw. Kartoffelwürfel

Salz und Pfeffer

Einen großen Topf mit Wasser gefüllt auf den Herd stellen und mit der gekörnten Brühe erhitzen. Das Suppenhuhn waschen und in die Brühe legen. Das Suppengrün ebenfalls waschen, putzen und klein schneiden und mit dem Huhn für etwa eine Stunde bei niedriger Temperatur köcheln lassen.
In der Zwischenzeit das Gemüse waschen, putzen und klein schneiden. Das Suppengrün mit einem Schaumlöffel aus der Brühe entfernen und das Huhn aus dem Topf nehmen und abkühlen lassen. Danach die Haut vom Huhn entfernen, das Fleisch von den Knochen lösen und in mundgerechte Stücke schneiden.
In der Zwischenzeit das Gemüse mit Kartoffeln, Reis oder Nudeln in den Topf geben und in ca. 15 Minuten weich kochen.
Mit Pfeffer und Salz oder gekörnter Gemüsebrühe nachwürzen.
Das klein geschnittene Huhn in die Suppenteller geben, mit der heißen Brühe auffüllen und sofort servieren.

Chinesische Variante

Statt dem Gemüse, Kartoffeln, Reis oder Nudeln geben Sie eine Handvoll chinesische Shiitake-Pilze und Sojasprossen sowie eine 100 g-Packung Glasnudeln in die Brühe (siehe Abbildung). Mit Sojasauce würzen, fertig. Das schmeckt ganz anders und ist fein exotisch!

SEMMELKNÖDEL

DA GIBT ES KEINE RESTE!

Die Mengenangaben dieses Rezepts sind rein intuitiv und großzügig bemessen. Die trockenen Brötchen der letzten Tage (sie müssen wirklich »knochentrocken« sein) finden so eine gute Verwendung. Reste sind kein Problem, denn die Knödel schmecken gebraten und mit Apfelmus noch mal so gut!

Die trockenen Brötchen (pro Person mindestens ein Brötchen rechnen) klein würfeln. Mit so viel heißer Milch begießen, dass das gesamte Brot benetzt ist und zwei Stunden stehen lassen. Am besten die Masse mit einem Teller zudecken und mit einem Gewicht beschweren.
Angebratene Zwiebelstückchen (oder auch gebratene Speckstückchen), gehackte Petersilie, Salz, Pfeffer und die Eier zu der feuchten Brotmasse geben. Wenn sich der Knödelteig nicht fest genug anfühlt, Semmelbrösel (kein Mehl!) hinzufügen!
Das Wasser mit Salz zum Kochen bringen. Mit feuchten Händen tennisballgroße Knödel formen, ins Salzwasser legen, das nur noch köcheln sollte, und ca. 25 Minuten ziehen lassen.
Aus dem Wasser nehmen und mit in Butter gebräunten Semmelbröseln bestreuen.

Ergibt etwa 16 Knödel

8 trockene Brötchen
¾–1 l heiße Milch
1 kleine Zwiebel
fein gewürfelt
1 EL Butter
2 EL Speckstückchen
(nach Wunsch)
1 Bund glatte Petersilie
gehackt
Salz und Pfeffer
8 Eier
2 l Wasser
6–8 EL Semmelbrösel

Getränkeempfehlung

Damit es allen so richtig warm ums Herz wird, sei zu einem schweren, gehaltvollen Rotwein (aus Italien oder Spanien) geraten. Wer es lieber weiß mag, ist mit einem Riesling aus der Wachau oder Baden gut bedient. Zu den deftigen Speisen passt aber auch hervorragend ein gut gekühltes Bier!

< EIN GENIALER SAUERBRATEN (REZEPT SEITE 74)

EIN GENIALER SAUERBRATEN

SÜSS-SAURER GESCHMACK DER ERINNERUNG

Es gab eine Zeit gemütlicher Tafeln und Festessen in der Familie, bei denen der Sauerbraten mit Knödeln nicht fehlen durfte. Lassen wir sie mit diesem Rezept wieder aufleben! Falls Sie sich bisher noch nicht an diesen Braten gewagt haben, werden Sie staunen, wie einfach alles geht und wie viel Sauce für alle da ist …

Das Fleisch aus der Marinade nehmen und die Marinade beiseite stellen.
Das Fleisch trocken tupfen, mit Zuckerrübensirup bestreichen und in einem gusseisernen Topf mit Butterschmalz rundherum kross anbraten.
Mit der Marinade begießen, Rotwein, Lebkuchen und Graubrot hinzufügen und mindestens 1½ Stunden bei kleiner Hitze mit geschlossenem Deckel garen.
Wenn sich das Fleisch zart anfühlt, aus dem Topf nehmen und auf ein Brett zum Aufschneiden legen.
In dem Topf die Sauce zubereiten: Die Bratflüssigkeit durch ein Sieb streichen, die Korinthen dazugeben und mit Salz und Pfeffer abschmecken. Mit der Speisestärke andicken und einmal kurz aufkochen. Die Sauce darf nicht zu sauer sein, die Korinthen geben etwas Süße.
Das Fleisch in nicht zu dünne Scheiben schneiden und in der Sauce servieren.
Dazu passen Semmelknödel (Rezept Seite 73), die sich gut vorbereiten lassen, und – ganz klassisch – Rotkohl.

1½ kg eingelegter Sauerbraten
(oder mehr; gibt es bei jedem guten Metzger!)

Zuckerrübensirup
zum Bestreichen des Fleischs

Butterschmalz zum Anbraten

½ l guter Rotwein

1 trockener Lebkuchen
grob zerbröckelt, ohne Schokolade

1 trockenes Stück Graubrot
zerbröckelt

Salz und Pfeffer

2 EL Korinthen
bzw. getrocknete Weinbeeren

2 EL Speisestärke
in 1 EL Rotwein aufgelöst

Dekorations-Tipp

Landhausstil steht für Gemütlichkeit! Blanke Holztische, große Keramikteller, schöne, rustikale Suppenschüsseln, bunte Leinen-Tischwäsche und auch die Gläser dürfen farbig und »hand«- bzw. »trink«-fest sein. Kleine Sträuße aus bunten Tulpen, duftenden Freilandrosen oder Sonnenblumen verschönern die Tafel.

HOCHZEITSSUPPE

DAS ALLHEILMITTEL!

Eine gute Suppe braucht immer mehrere Stunden, aber wenig Zuwendung! Diese Suppe ist eine komplette Mahlzeit für Groß und Klein, eine Essenz, die Wunder wirkt bei Müdigkeit und Krankheit – ein wahres Allheilmittel, das allen schmeckt!

Das Mark aus zwei Knochen kratzen und in einem kleinen Topf erhitzen.
Die Knochen und das Fleisch in lauwarmes Wasser legen. Mit den Lorbeerblättern und Wacholderbeeren zum Köcheln bringen.
In der Zwischenzeit den Lauch gut waschen und die Sellerieknolle putzen (Wurzeln und Erde entfernen). Dann zwei ganze Möhren, das dunkle Grün des Lauchs, den in Stücke geschnittenen Sellerie und die gekörnte Brühe zum Fleisch geben. Die Suppe darf nicht schäumen, sonst die Temperatur herunterdrehen. Auf kleiner Stufe mindestens zwei Stunden auf dem Herd ziehen lassen.
Danach hat die Suppe eine hellbraune Farbe und duftet nach Fleischbrühe. Das ganze Gemüse, Lorbeerblätter und Wacholderbeeren aus der Suppe entfernen. Drei in Scheiben geschnittene Möhren sowie die restlichen hellen Teile

Für 8 Personen

2 Markknochen
3 Kalbs- oder Rinderknochen
2 Beinscheiben vom Rind
(die Knochen enthalten Mark!)
500 g Suppenfleisch
(z. B. Wade, abgedeckte Rippe oder Bugblatt vom Rind)
2 l Fleischbrühe
(Instant)
2 Lorbeerblätter
3 Wacholderbeeren
5 Karotten/Möhren
geschält
2 Lauchstangen
1 kleine Sellerieknolle

MARKKLÖSSCHEN & GRIESSNOCKERLN

des Lauchs, in Ringe geschnitten, 30 Minuten mitköcheln lassen. (Die Knochen können jetzt oder vor dem Servieren aus der Suppe entfernt werden.)
Währenddessen die Markklößchen wie folgt zubereiten: Das erkaltete Mark durch ein Sieb mit den Eiern und den Semmelbröseln zu einer festen Masse verkneten, mit Salz würzen (evtl. etwas Butter dazugeben). In der heißen Brühe, die nicht mehr kochen darf, einen Probekloß machen (von der Größe eines Ping-Pong-Balls). Wenn der Kloß nach dem Aufsteigen nicht zerfällt, können die anderen Klöße auch in die siedende Brühe gelegt werden. Nach etwa 15 Minuten sind die Markklößchen fertig.
Für die Grießnockerln das Ei mit der Butter und den Gewürzen vermischen und so viel Grieß dazugeben, bis eine feste Masse entsteht (evtl. etwas Mehl unterrühren). Mit einem Teelöffel Nocken abstechen und in die heiße (nicht kochende!) Brühe geben. Nach 20 Minuten schwimmen die Klößchen oben und sind fertig.
Köstlich sind in der Hochzeitssuppe auch Pfannkuchen-Streifen (Frittaten) oder Leberknödel (bekommt man beim guten Metzger).

Markklößchen

Mark von 2 Markknochen
erhitzt und wieder abgekühlt, ca. 50 g (siehe S. 76)

2 Eier
ca. 50 g feine Semmelbrösel
2 Prisen Salz
evtl. etwas flüssige Butter

Grießnockerln

1 Ei
30 g Butter (Zimmertemperatur)
1 Prise Salz
1 Prise Muskat
40–60 g Grieß
evtl. 1 TL Mehl

Tipp

Achten Sie darauf, »echte« Semmelbrösel zu verwenden, die Sie entweder aus alten Semmeln selbst reiben oder beim Bäcker fertig bekommen!

RINDSGULASCH

NUDELN MIT BRAUNER SAUCE!

In jeder Lebenslage und zu fast jeder Tageszeit das absolute Lieblingsgericht meiner Kinder! Es benötigt ein wenig Zeit, aber das Warten lohnt sich. Viel Sauce – wenig Fleisch!

750 g Rindsgulasch
(vom Metzger geschnitten)

1 rote Paprika
entkernt, in Stücke geschnitten

1 weiße Zwiebel
klein gehackt

½ l Wasser
½ l guter, trockener Rotwein
2 EL Paprikapulver
edelsüß

1 P. Bratensoße
oder 2 EL Speisestärke,
in wenig Wasser aufgelöst

2 EL Butterschmalz zum Anbraten

Das Fleisch am besten portionsweise in einem gusseisernen Bräter bei großer Hitze in Butterschmalz anbraten und so lange wenden, bis keine Bratflüssigkeit mehr übrig ist und das Fleisch dunkelbraun (!) angebraten ist. Die Gulaschstücke aus dem Bräter nehmen und auf einem separaten Teller auf die Seite stellen. Hier ist Geduld gefordert, denn die Röststoffe machen den intensiven Geschmack des Gulaschs aus!
Die klein gehackte Zwiebel im Bräter glasig andünsten, dann die Paprikastücke hinzufügen, mit Wasser und dem Wein aufgießen und zusammen mit dem Fleisch für mindestens zwei Stunden bei kleiner Hitze mit geschlossenem Deckel schmoren lassen.
Wenn das Fleisch zart ist, mit Paprikapulver würzen und mit Bratensoße oder Speisestärke binden. Mit Salz und Pfeffer abschmecken.
Mit selbst gemachten Spätzle (Rezept Seite 80) oder breiten Nudeln, die mit gerösteten Semmelbröseln bestreut sind, schmeckt das Gulasch einfach himmlisch!

SPÄTZLE
MUSS MAN NICHT SCHABEN!

Von meiner Großmutter habe ich den Trick mit dem Brett abgeschaut, aber schneller und müheloser geht es heute mit speziellen Spätzlehobeln oder Spätzlepressen. Der Grieß macht den Teig locker. Diese Spätzle gelingen ganz sicher auch Anfängern.
Nach dem Motto: Es muss nicht immer Pasta sein!

Alle Zutaten gut verrühren. Das Mehl nach Gefühl und unter Rühren dazugeben. Der Teig sollte klebrig und zähflüssig sein, nicht flüssig!
Viel Wasser mit Salz in einem großen Kochtopf zum Kochen bringen. Wenn das Wasser kocht, die Spätzlereibe einhängen, den Teig einfüllen und den Aufsatz hin- und herbewegen oder mit der Spätzlepresse den Teig druchpressen und ins Wasser tropfen lassen. Sobald die Spätzle in das kochende Wasser fallen, Temperatur sofort reduzieren. Nach einer Minute sind die Spätzle gar! Der Teig sollte zügig verarbeitet werden, damit die Spätzle gleichzeitig fertig sind. Vorsichtig mit einer Schaumkelle herausschöpfen oder bei einer großen Menge noch vorsichtiger in ein Nudelsieb gießen.
Mit in Butter gebratenen Semmelbröseln servieren!

Pro Person

1 Ei
1 TL Weizengrieß
1 Prise Salz
Mehl
so viel, dass der Teig zähflüssig ist!

Gastgeber-Tipp

Die Schwarzwälder Kirschtorte muss wegen der geschlagenen Sahne frisch zubereitet werden, aber den Tortenboden können Sie am Vortag backen. Widmen Sie sich rechtzeitig den Suppen, sie kochen von selbst im Hintergrund. Wenn die servierfertigen Suppen mit allen Fleisch-, Kloß- und Gemüseeinlagen nachmittags bereit stehen, beruhigt das ungemein – und Sie haben die Hände frei für die Vorbereitung der Semmelknödel oder Spätzle, die beide frisch zubereitet werden.
Ganz zum Schluss, wenn alle bereits am Tisch sitzen, bereiten Sie den Spätzleteig und drücken ihn mit der Spätzlereibe ins kochende Salzwasser. Alle anderen Gerichte können am Vortag zubereitet werden.

ROTE GRÜTZE

DIE BESTE: MIT ZIMT!

Dieser Nachtisch lässt sich gut vorbereiten und in großen Mengen herstellen! Schön rot und sauer mit einer herrlich sanften Zimtnote.

Die Kirschen abgießen und den Saft aufheben. Die gemischten Früchte und die Kirschen (ohne Himbeeren!) mit dem Kirschsaft und dem Himbeersirup erhitzen.
Den Vanillepudding mit Wasser (statt mit der auf der Packung angegebenen Menge Milch) und Zucker anrühren und in die kochende Masse einarbeiten. Auf kleiner Flamme rühren, bis die Masse wieder durchsichtig ist. Jetzt Himbeeren, Vanille und Zimt unterheben. Vorsichtig in eine Schüssel gießen und abkühlen lassen. Köstlich mit kalter flüssiger Sahne oder Vanilleeis (oder mit Vanillesauce: Eis einfach schmelzen lassen!).

1 Glas Schattenmorellen (Sauerkirschen) mit Saft
600 g gemischte rote Früchte (TK-Ware)
½ Flasche Himbeersirup
2 P. Vanille-Puddingpulver
5 EL Zucker
250 g Himbeeren (TK-Ware)
1 P. Bourbon-Vanille
1 EL Zimt
¼ l flüssige frische Sahne oder 1 kg Vanilleeis

Kochen ist Lebensfreude!

Glücklich, wer von klein auf die Freude am guten Essen erlebt hat und erfahren konnte, dass genussvolles Essen ein Stück gewachsene Kultur ist – und keine Banalität. Essen ist gut für die Seele – Kochen auch! Eine liebevoll zubereitete Mahlzeit ist Ausdruck von Zuneigung, Sorgfalt, Großzügigkeit und Hingabe. Man kocht nur mit dem Herzen gut!

WINTER–BRATAPFEL

ZAUBER DER KINDHEIT!

Das Rezept ist so einfach wie bekannt und sollte nicht in Vergessenheit geraten. Schließlich ist so ein Bratapfel immer der krönende und leichte Abschluss eines Festessens und jeglicher Weihnachts-Völlerei. Das zart-saure Apfelaroma geht eine himmlische Verbindung mit den bitter-herbsüßen Preiselbeeren ein und das Vanilleeis oder die Vanillesauce runden das Geschmackserlebnis sahnig ab.

Von jedem Apfel mit einem Apfelausstecher (Fruchtentkerner) das Kerngehäuse entfernen, so dass der Apfel ganz bleibt. In dieses Loch das Preiselbeer-Confit, ein kleines Stückchen Butter, etwas Zimt und die Mandelblätter geben und bei 200 °C im Ofen auf der mittleren Schiene 20 Minuten backen. Dazu Vanilleeis oder Vanillesauce servieren!

Pro Person

1 Apfel
z. B. Boskoop oder Braeburn

1 TL Preiselbeer-Confit
(Rezept nebenstehend)

1 Butterflöckchen
1 Prise Zimt
1 TL Mandelblätter
1–2 EL Vanilleeis
oder Vanillesauce

PREISELBEER-CONFIT

DAS KLEINE ROTE: GESCHMACKLICHER TAUSENDSASSA!

Es ist eine wundervolle Ergänzung zu allen Wildgerichten und Terrinen! Ob zur Verfeinerung von Desserts oder als ungewöhnliche Ergänzung zu kräftigem Käse – dieses Confit hat es in sich.

Die Preiselbeeren mit allen Zutaten in einem Topf zum Köcheln bringen. Unter gelegentlichem Umrühren eine gute Stunde bei niedriger Temperatur auf dem Herd einkochen, damit die Sauce eindickt. Das Confit ist konzentriert und fruchtig, es schmeckt absolut köstlich!

450 g frische Preiselbeeren
oder frische Cranberries

110 g Zucker
425 ml Rotwein
2 EL guter Rotweinessig
Schalenabrieb und Saft von 1 Orange
unbehandelt

SCHWARZWÄLDER KIRSCHTORTE

MEISTERHAFT!

Sieht aus wie ein Meisterwerk, schmeckt wie ein Meisterwerk, ist aber kinderleicht! Schon mal Sahne geschlagen? Dann kann nichts passieren!

Den Backofen auf 160 °C vorheizen. Die Eigelbe mit dem Vollei und dem Zucker schaumig rühren. Die Löffelbiskuits in eine Plastiktüte füllen und mit dem Nudelholz zerkleinern. Die Biskuitkrümel, das Mandelmehl, den Kakao und den Eischnee locker unterziehen und in eine runde Springform (ø 28 cm) füllen. Im vorgeheizten Backofen bei 180 °C (mit Umluft bei 160 °C) etwa 35–40 Minuten backen (die Stäbchenprobe machen). Den Kuchen vorsichtig aus der Springform lösen und nach dem Abkühlen zweimal waagrecht durchschneiden, so dass drei gleichmäßige Teigböden entstehen. Den unteren Boden mit den Kirschen belegen, mit etwas Kirschsaft und Kirschwasser tränken und mit dem nach Vorschrift zubereiteten Tortenguss bestreichen. Den zweiten Boden darauflegen, mit Kirschsaft beträufeln und mit Sahne bestreichen. Den letzten Boden aufsetzen und die ganze Torte mit der geschlagenen Sahne bestreichen. Mit den zehn Kirschen rundherum verzieren und mit den Schokoladenspänen bestreuen.

Teig

8 Eigelb
1 Ei
200 g Zucker
100 g Löffelbiskuits
60 g Mandeln
gemahlen
50 g Kakao
8 Eiweiß
zu steifem Eischnee geschlagen

Füllung und Glasur

400 g Sauerkirschen
aus dem Glas mit Saft
5 cl Kirschwasser
1 P. roter Tortenguss
½ l frische Schlagsahne
Schokoladenspäne
10 Kirschen für die Verzierung

7 VIVE L'EUROPE! GENUSS OHNE GRENZEN

ZWIEBELSUPPE

LA VRAIE SOUPE À L'OIGNON!

Das Traditionsgericht eines jeden guten Pariser Bistros und mit Sicherheit keine Nouvelle Cuisine. Der Klassiker aus Paris und stilvoller Abschluss langer und feuchtfröhlicher Nächte in dieser bezaubernden Stadt.
Für Connaisseurs trotz der vielen Zwiebeln ein Genuss – und eine schöne Erinnerung!

Die Zwiebeln in dünne Ringe schneiden und in Butter dämpfen, sie dürfen auf keinen Fall zu dunkel werden, sonst schmecken sie bitter! Mit Weißwein und der Fleisch- oder Gemüsebrühe ablöschen. So lange köcheln lassen, bis die Zwiebeln schön weich sind (dann sind sie bekömmlicher). Mit Salz und Pfeffer abschmecken.
Weißbrot- oder Toastscheiben mit Butter bestreichen, mit geriebenem Käse belegen und im Backofen goldbraun rösten. Sie bilden den krönenden Abschluss und werden sofort auf jede Portion dampfendheiße Suppe gelegt. Am besten in Suppenschälchen servieren.

Für 6 Personen

2 große Gemüsezwiebeln
2 EL Butter
¼ l trockener Weißwein
1½ l Fleischbrühe
oder Gemüsebrühe (Instant)
Weißbrot- oder Toastscheiben
Butter
geriebener Hartkäse
(z. B. Emmentaler)

Dekorations-Tipp

Wie wäre es mit Tischdecken oder -läufern in den Farben der Trikolore (Vive la France!). Feuerfeste Löwenkopf-Schüsseln für die Zwiebelsuppe und riesige Pastateller – erlaubt ist, was gefällt. Der europäischen Vielfalt sind keine Grenzen gesetzt. Befreien Sie sich von jeglicher Deko-Etikette und lassen Sie sich bei der Gestaltung einer fröhlichen »Multikulti«-Tafel von Urlaubserinnerungen inspirieren. Lavendel- und Rosmarinsträuße wirken appetitanregend, die Menüfolge auf einer Schiefertafel vermittelt Bistroatmosphäre.

SPAGHETTI/FUSILLI PUTTANESCA (REZEPT SEITE 95) >

MOULES FRITES

DAS BELGISCHE UR-ERLEBNIS!

Es ist immer wieder eine Freude, durch die Brüsseler Altstadt zu schlendern und die vielen Muschelrestaurants in ihrer lauten fröhlichen Quirligkeit zu erleben. Hier isst man, ohne sich zu zieren. Essen gehen gehört zu den ganz großen Freuden im Leben, entsprechend gut und traditionell-urig ist auch das Angebot. Und ja, es stimmt: In Brüssel isst man Muscheln mit Pommes frites!

1 kg Backofen-Pommes frites

1 weiße Zwiebel
4 Knoblauchzehen
2 EL Olivenöl »extra vergine«
2 große Tomaten
enthäutet und geviertelt
2 Stangen Staudensellerie
¼ l Weißwein
Salz und Pfeffer
2 kg frische, geputzte Miesmuscheln
(gewaschen und entbartet; geöffnete sofort aussortieren!)

Die Pommes frites 20 Minuten im vorgeheizten Backofen bei 180 °C Umluft knusprig goldbraun backen. In der Zwischenzeit Zwiebel und Knoblauch hacken und in einem sehr großen Topf in Olivenöl anbraten. Die Tomatenviertel und den in Scheiben geschnittenen Sellerie dazugeben. Mit Weißwein aufgießen, mit Salz und Pfeffer kräftig abschmecken. Wenn das Gemüse weich ist, die Miesmuscheln auf den Sud schütten und einmal gut vermengen. Mit geschlossenem Deckel im Topf bei starker Hitze zehn Minuten garen. Den Topf immer wieder ein wenig rütteln und dabei den Deckel festhalten. Wenn sich die Muscheln geöffnet haben, sind sie gar. Servieren Sie die Muscheln im heißen Topf mit den Backofen-Fritten und mit einer köstlichen (selbst gemachten, Rezept Seite 49, oder echte aus Belgien) Mayonnaise!
In Belgien wird dazu gerne Bier getrunken!

Gastgeber-Tipp

Die Gerichte in diesem Kapitel sind alle schnell zubereitet, unkompliziert und auch für Koch-Anfänger geeignet. Muscheln sollten Sie nur auf »Ihre« Speisenkarte setzen, wenn Sie eine gute Qualität bekommen. Im Sommer ist das fast unmöglich! Fragen Sie deshalb einen Fischhändler Ihres Vertrauens.

GAZPACHO

COOL IT!

Im Winter bekommt man beim Gedanken an eine kalte Suppe eine Gänsehaut, aber an heißen Sommertagen ist Gazpacho ein richtiger Muntermacher.

Die Tomaten mit kochendem Wasser überbrühen und nach zehn Minuten die Haut abziehen, den Stielansatz entfernen, halbieren, entkernen und mit dem übrigen Gemüse klein schneiden. Mit Zitronensaft, Öl sowie Weißbrot vermengen und mit dem Stabmixer oder im Mixer pürieren.
Mit Zucker, Salz, Pfeffer und Tabasco abschmecken! Mehrere Stunden kalt stellen. Wenn es richtig heiß ist, empfiehlt es sich, kurz vor dem Servieren eine Handvoll Eiswürfel in die Suppe zu geben.
Mit Croûtons (in Olivenöl gerösteten Weißbrotwürfeln) servieren.

In Andalusien garniert man Gazpacho mit kleinen grünen Paprikawürfeln, Zwiebel-, Tomaten- und Gurkenwürfelchen, die in Extraschälchen zur kalten Suppe gereicht werden.

4 Tomaten
1 Salatgurke
1 grüne Paprika
½ Zwiebel
1 Knoblauchzehe
2 TL Zitronensaft
1 TL sehr gutes Olivenöl
1–2 Scheiben Weißbrot
(ohne Rinde)
1 TL Zucker
1 TL Salz
Pfeffer
1 Spritzer Tabasco-Sauce

Weinempfehlung

Köstliche, unkomplizierte rote Tafelweine. Weißweine können jung und leicht sein (z. B. Pinot Grigio, ein Riesling aus Württemberg oder ein leichter Pfälzer).

Kochen ist multikulti.

RAFFINIERTE KALBSLEBER

BELGISCHES TRADITIONSREZEPT

Man wird zwar immer wieder verführt, eine feine Kalbsleber altbewährt und sehr schmackhaft mit zarten Apfelscheiben und gebratenen Zwiebelringen zuzubereiten; aber diese Variante bringt die feinen Aromen in der Kombination mit Schwarzen Johannisbeeren sehr gut zum Ausdruck!

4 Scheiben Kalbsleber
küchenfertig vom Metzger vorbereitet

etwas Mehl

Butterschmalz zum Braten

1 kleine Zwiebel
fein gewürfelt

1 Handvoll Speck
klein gewürfelt

¼ l Rotwein

3 EL Marmelade
von Schwarzen Johannisbeeren/Cassis

Salz und Pfeffer

Die Lebern kurz in Mehl wälzen und bei mittlerer Temperatur mit Butterschmalz in einer Pfanne braten. Aus der Pfanne nehmen und erst nach dem Braten salzen. Die Zwiebel- und Speckwürfel in einer Pfanne anbraten. Mit dem Rotwein ablöschen, etwas reduzieren, die Marmelade dazugeben, mit Salz sowie Pfeffer abschmecken und die Lebern damit übergießen.

Dazu passt ein selbst gemachter Kartoffelbrei: 1 kg mehligkochende Kartoffeln schälen, in kleine Stücke schneiden und in wenig Wasser ganz weich garen. Mit ca. ½ l heißer Milch und 1 EL Butter mit dem elektrischen Handrührer glatt rühren. Zum Schluss mit Salz und Muskatpulver würzen.

Durch das Reisen und das multikulturelle Angebot der Restaurants sind wir heute vertraut mit der Esskultur anderer Länder. Die Experimentierfreude, mit der wir multikulturelle Küchen mit der Traditionsküche »fusionieren«, ist Ausdruck unseres kosmopolitischen Lebensgefühls.

SPAGHETTI PUTTANESCA

LIEBENSWERTES ITALIEN: JEDEM BERUFSSTAND SEINE SPAGHETTI!

»Die Männer lieben jene Frauen am leidenschaftlichsten, die es verstehen, ihnen die leckersten Dinge vorzusetzen.« HONORÉ DE BALZAC

Olivenöl erhitzen und gepressten Knoblauch und in Ringe geschnittene Chilischote unter Rühren andünsten. Dosentomaten, Tomatenmark und zerdrückte Sardellenfilets einrühren. 20 Minuten im offenen Topf leicht köcheln. Kapern und Oliven in die Sauce geben, mit Salz und Pfeffer würzen. Vorsicht mit dem Salz: Oliven und Sardellen sind schon salzig! Ganz zum Schluss die gehackte Petersilie hinzufügen.
Die Spaghetti oder eine andere Nudelsorte in einem großen Topf in Salzwasser al dente (bissfest) kochen.
Spaghetti Puttanesca mit frisch geriebenem Parmesan servieren.

6 EL Olivenöl
3 Knoblauchzehen
1 rote Chilischote
1 große Dose Tomaten
(850 g)

2 EL Tomatenmark
3 eingelegte Sardellenfilets
3 EL Kapern
100 g schwarze Oliven
ohne Stein

Salz und Pfeffer aus der Mühle
½ Bund glatte Petersilie
500 g Spaghetti
oder 500 g Fusilli oder andere »aufregende« Nudeln (Abbildung Seite 89)

50 g Parmesan
frisch gerieben

CLAFOUTIS

SIMPLEMENT DÉLICIEUX!

Dieses Dessert ist einfach zuzubereiten. Hier kommt das herrliche Aroma von Kirschen voll zur Geltung!

500 g Sauerkirschen aus dem Glas
oder frische entsteinte Kirschen

4 EL Mehl
3 Eier
8 EL Zucker
1 Prise Salz
2 Tassen Milch
Butter für die Form
Puderzucker zum Bestreuen

Den Backofen auf 180 °C vorheizen. Die Kirschen abgießen und abtropfen lassen.
Mehl, Eier, Zucker, Salz und Milch zu einem glatten, sehr flüssigen Teig verrühren. Eine flache feuerfeste Form mit Butter ausstreichen. Die abgetropften oder frischen Kirschen in die Form geben. Mit dem Teig bedecken. Etwa 45 Minuten bei 180 °C Umluft backen, bis die Oberseite leicht gebräunt ist.
Zum Schluss mit Puderzucker bestäuben. Clafoutis kann heiß oder lauwarm gegessen werden.

APPLE CRUMBLE

BRITISCHER ALLROUNDER!

Essen Sie auch am liebsten die Streusel vom Kuchen? Dann ist das der perfekte Nachtisch für Sie!

Die Äpfel schälen, vom Kerngehäuse befreien und in Stücke schneiden. Alternativ die anderen Obstsorten entsteinen und in mundgerechte Stücke küchenfertig vorbereiten.
Das Obst in eine gut gebutterte feuerfeste Form verteilen und mit Zucker bestreuen. Die Zutaten für die Streusel mit den Händen vermischen, bis eine krümelige Masse entsteht. Die Streusel über den Früchten verteilen.
Im vorgeheizten Ofen bei 200 °C auf der mittleren Schiene etwa 20 Minuten backen, die Oberfläche sollte goldbraun sein. Den Apple Crumble lauwarm servieren mit Schlagsahne, flüssiger Sahne (verfeinert mit einem Schuss Eierlikör), Eis, Mascarpone oder Vanillecreme. Enjoy!

5–6 Äpfel
oder 500 g Aprikosen, Kirschen, Heidelbeeren usw.

Butter für die Form
3 EL Zucker

Streusel
250 g Weizenmehl
125 g Butter
90 g Zucker
1 Prise Salz
etwas Zimt
(nach Geschmack)

8 DINER SUR L'HERBE – UNTER FREIEM HIMMEL!

PROSECCO AUF HIMBEEREN

SALUTE!

Ein inspirierender Auftakt an einem lauen Sommerabend! Einfach, elegant und so süffig ...

Himbeeren verlesen. Ein bis zwei Himbeeren ins Glas geben und mit eiskaltem prickelnden Prosecco aufgießen. Es ist wirklich so einfach wie es sich anhört!

einige Himbeeren
schlanke Sektflöten
Prosecco zum Aufgießen

Getränkeempfehlung

Endlich Sommer! Alles drängt ins Freie und abends in netter Runde bei einem kühlen Glas Wein beisammen zu sitzen, ist ein besonderer und in unseren Breitengraden eher seltener Genuss.
Bei heißen Temperaturen steigt Manchem Rotwein schnell in den Kopf. Ein gekühlter Rosé (z. B. Côtes de Provence) ist im Sommer immer eine gute Wahl, er passt genauso zu Fisch wie zu Fleisch und auch Rotweinliebhaber sagen dazu nicht Nein.
Mein Lieblings-Sommerwein ist ein spritziger Vinho Verde aus Portugal!
Ein eiskaltes Bier ist allerdings auch nicht zu verachten und sollte nicht nur den Grillmeistern vorbehalten sein ...

GUACAMOLE

DER BESTE DIP AUS DER »NEUEN WELT«!

Auch in unseren Breitengraden erhalten Sie schöne reife Avocados, die Sie unbedingt für diesen exotischen Dip brauchen! Ob solo oder zu Gegrilltem: Mit einem Hauch von Koriander und Knoblauch ist dieser Dip sehr frisch, sehr gesund und sehr beliebt.

Die reifen Avocados schälen, entkernen und mit einer Gabel zerdrücken. Die Zwiebelwürfel, Knoblauch und Tomate mit Zitronensaft sowie Olivenöl, Cayennepfeffer und Salz abschmecken und unter das Avocadomus mischen. Nach Geschmack gehacktes Korianderkraut dazugeben. Exzellent schmecken dazu im Backofen geröstete Weißbrotscheiben, die mit ein wenig feinem Olivenöl beträufelt wurden.

2 reife Avocados
1 kleine rote Zwiebel
fein gewürfelt
1 Knoblauchzehe
zerdrückt
1 Tomate
enthäutet, entkernt und fein gewürfelt
1 TL Zitronensaft
1 EL Olivenöl
1 Prise Cayennepfeffer
Salz
frisches Korianderkraut

Tipp

Das Avocadofleisch wird nicht so schnell braun, wenn es sofort mit Zitronensaft benetzt und luftdicht mit Plastikfolie abgedeckt wird.

CEBICHE

FRISCH-FISCH!

Dieses wohl bekannteste Fischgericht Perus – in Mexiko unter dem Namen Ceviche bekannt – ist ein Highlight für jedes Picknick – vorausgesetzt man hat eine richtig gute Kühltasche mit vielen Kühlelementen für den Transport!

Der in kleine Stücke oder Würfel geschnittene Fisch muss mehrere Stunden im Limettensaft marinieren (mindestens für zwei Stunden, am besten über Nacht), bis er eine feste Konsistenz hat, er sollte glasig sein.
Den Fisch mit den übrigen klein geschnittenen Zutaten vermengen und nochmals kalt stellen. Mit Avocadoscheiben dekorieren.

1 kg sehr frisches Fischfilet
(Barsch, Heilbutt oder Thunfisch in Sushiqualität)

Saft von 5 Limetten
1 kleine Zwiebel
oder Frühlingszwiebel, sehr fein gehackt
300 g kleine Tomatenwürfel
1 kleine rote Chilischote
frisches Korianderkraut

Avocadoscheiben zur Dekoration

Kochen ist Kunst …

— eine heitere, leichte Kunst, die Genuss erzeugt. Eine Kunst, die das Leben bereichert und zur Leidenschaft wird.

TABOULÉ

ORIENTALISCH!

Die Euphorie eines Sonnentages und die Aussicht auf eine heiße Sommernacht im Garten oder auf dem Balkon – mit oder ohne Bauchtanz – lässt einen im Nu alle Zutaten für diesen Salat klein hacken.

2 Tassen Couscous-Grieß
mittelgrob (Instant)
Salz
1 Butterflöckchen
1–2 Tomaten
entkernt
1 rote Zwiebel
½ Salatgurke
½ Paprika
1 Bund Petersilie
einige Pfefferminzblätter
Saft von ½ Zitrone
2 EL Olivenöl
Pfeffer

Den Couscous-Grieß mit zwei Tassen kochendem Wasser übergießen, etwas salzen und ein Butterflöckchen hinzufügen, mit der Gabel verrühren, abdecken und zehn Minuten ziehen lassen. Tomaten, Zwiebel, Gurke und Paprika sehr fein würfeln, mit der gehackten Petersilie und den Pfefferminzblättern, dem Zitronensaft sowie Olivenöl vermischen und mit Pfeffer und Salz abschmecken. Dann löffelweise den abgekühlten Couscous-Grieß unterheben. Die Mischung sollte salatig-saftig sein – nicht trocken-grießig (Abbildung Seite 107).

Dekorations-Tipp

Für ein lockeres Grill-Ambiente kann auch die Dekoration lässig sein: Zitronen oder Limetten auf einer farblich passenden Tischdecke machen gute Laune. Kleine Tontöpfchen mit diversen Kräutern oder mit Kresse sehen auf einem schönen Holztisch gut aus.
Die Eigendynamik eines solchen Abends sollte nicht mit einer Tischordnung gebremst werden.

BBQ

LAGERFEUER-FEELING

Es müssen nicht immer Würstchen sein! Hühnchen, Fisch und Fleisch sind eine willkommene Abwechslung. Stellen Sie alles draußen zur Selbstbedienung bereit (Getränke, Grillfleisch, Gläser, Besteck, Snacks, Dips, Senf usw.), damit der Abend nicht zum Marathonlauf für Gastgeber wird …
Denken Sie auch daran, dass eine gute Glut eine Weile (40 Minuten) braucht – Zeit für einen Apéritif!

LENDEN-SPIESSCHEN

1 Schweinefilet (400 g)
2 Gemüsezwiebeln
2 rote Paprika
70 g Räucherspeck in dünnen Streifen
lange Holzspieße (gewässert)
oder Metallspieße zum Grillen

MARINADE (NACH GESCHMACK)

2 EL Worcestershire-Sauce
2 EL Ketchup
4 EL Öl
darauf achten, dass es neutral schmeckt und erhitzt werden kann, z. B. Sonnenblumenöl

Das Filet in nicht zu kleine Würfel, Zwiebeln und Paprika in gleich große Stücke schneiden. Jeweils einen halben Speckstreifen aufrollen und diesen dann abwechselnd mit Zwiebeln, Fleisch und Paprika aufspießen. Wer es würziger mag, kann die Spießchen vor dem Grillen noch eine Stunde marinieren.

ROSMARIN-LAMMKOTELETTS

Die Koteletts pfeffern, mit Olivenöl beträufeln, nach Geschmack mit durchgepresstem Knoblauch einreiben und mit den Rosmarinzweigen in eine Schale geben.

pro Person 1 Lammkotelett
schwarzer Pfeffer aus der Mühle
Olivenöl
etwas Knoblauch
frische Rosmarinzweige

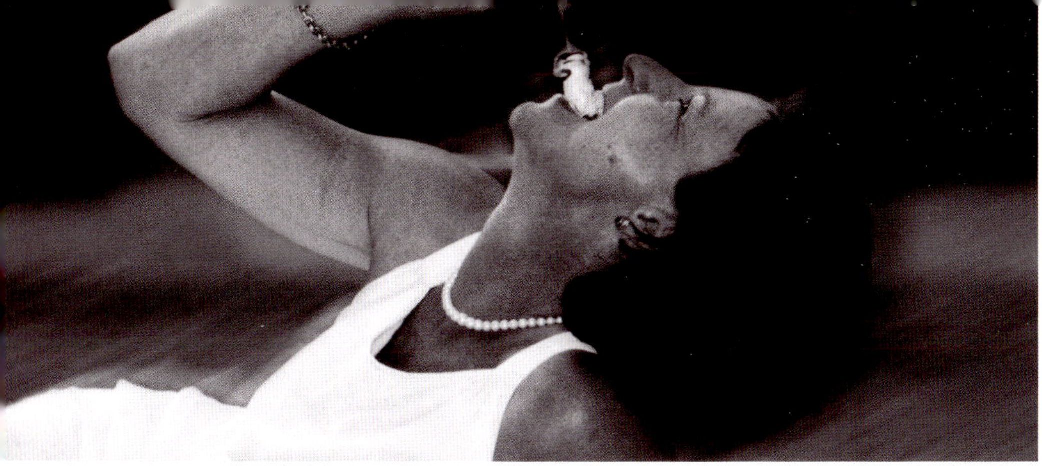

GINAS MARINIERTE THUNFISCHSTEAKS

4 Thunfischsteaks
(oder mehr)

2 EL Mayonnaise
2 EL Dijon-Senf

Die Thunfischsteaks mit einer Mischung aus Mayonnaise und Senf von beiden Seiten bestreichen.
Mit Klarsichtfolie abdecken und für mehrere Stunden im Kühlschrank marinieren.
Das Grillresultat ist verblüffend, denn der Thunfisch bleibt ganz saftig und klebt nicht fest!

SCHWERTFISCH-SPIESSE

3 Limetten, unbehandelt
600 g Schwertfisch
(2–3 große Scheiben), alternativ: Haifisch oder Seeteufel

lange Holzspieße (gewässert)
oder Metallspieße zum Grillen

MARINADE

2 Knoblauchzehen
zerdrückt

3 Stängel Minze
4 EL helle Sojasauce
1 EL Pflanzenöl
Salz und frisch gemahlener Pfeffer

Die Limetten achteln. Den Fisch in mundgerechte Stücke schneiden und mit je 3 Limetten-Achteln auf einen Holzspieß stecken. Mit einer Marinade aus Knoblauch, Minzblättern, Sojasauce, Öl und Pfeffer einpinseln und im Kühlschrank für ein paar Stunden ziehen lassen.
Hier gilt beim Grillen besonders: Die Glut muss gleichmäßig verteilt, darf aber nicht mehr zu heiß sein, sonst verbrennt das zarte Fischfleisch.

GETROCKNETE TOMATEN

DER VOLLE GESCHMACK!

Dieses Rezept lässt sich nur im Sommer zubereiten, wenn es sonnengereifte Tomaten im Überfluss gibt! In dieser Variante schmecken die Tomaten in Bestform zartschmelzend.

6 sommerreife Tomaten
2 EL Balsamico-Essig
2 EL Olivenöl
1 Anchovisfilet
(Sardelle)
1 EL Kapern
1–2 Prisen Meersalz

Den Strunk entfernen und die Tomaten vierteln. Die Tomatenviertel in einer Form für zwei bis drei Stunden bei 100 °C in den Backofen stellen – ohne Öl; sie werden mehr getrocknet als gebacken!
Nach dem Abkühlen mit einer Sauce aus Balsamico, gutem Olivenöl, zerdrückter Sardelle und den Kapern vermischen. Mit Meersalz bestreuen.

Gastgeber-Tipp

Besorgen Sie den Fisch (superfrisch!) für das Cebiche am Tag vorher und lassen Sie die Fischstücke in Limettensaft ruhig eine ganze Nacht im Kühlschrank marinieren!
Salate und Beilagen können in aller Ruhe vorbereitet werden – und so bleibt die Küche wirklich kalt –, bei allem anderen darf improvisiert werden. Die Herren können ihre archaischen Instinkte bei Fleisch und Feuer ausleben und die Damen genießen deren Grillkünste (eventuelle Schmauchspuren einfach übersehen).

TABOULÉ (REZEPT SEITE 103) >

OFENKARTOFFELN

EINFACH UND GUT!

Sie brauchen nur einen Backofen, die Kartoffeln machen den Rest! Sie werden knusprig braun und sind die beste, einfachste und köstlichste Beilage zu allem Gegrillten.

8 mittelgroße Kartoffeln
festkochend

2–3 EL Sonnenblumenöl
1 EL grobes Meersalz

Die Kartoffeln gut waschen, der Länge nach durchschneiden und mit der Schnittfläche auf ein Backblech mit Backpapier legen. Mit Öl beträufeln (nicht zu sparsam!) und mit Salz – am besten grobes Meersalz – bestreuen. Etwa 40 Minuten im vorgeheizten Backofen bei 200 °C backen, bis die Kartoffeln schön knusprig-braun sind.
Diese Ofenkartoffeln schmecken auch sehr gut mit frischem Kräuterquark!

< SCHWERTFISCH-SPIESSE (REZEPT SEITE 105)

ERDBEEREN MIT SAHNE

DIE EDLE VARIANTE!

Die Erdbeeren waschen und von den Blättern befreien. Die Himbeeren mit dem Zucker eine Stunde stehen lassen.
Die Himbeer-Zucker-Mischung durch die feine Scheibe der »Flotten Lotte« (Passiermühle) drehen. Die gewaschenen, geputzten Erdbeeren mit dem Himbeercoulis übergießen und in einer dekorativen Glasschale servieren.
Die Schlagsahne dazu reichen.

1 kg Erdbeeren
300 g Himbeeren
4 EL feinster Zucker
250 ml süße Sahne
steif geschlagen

HIMBEERQUARK

BLOSS KEIN MAGERQUARK!

Die Himbeeren auftauen. Die restlichen Zutaten ohne die Himbeeren im Mixer zu einer schönen sahnigen Masse verquirlen. Nach Geschmack mit dem Zucker süßen. Die Himbeeren erst zum Schluss unterheben, sie sollen ganz bleiben.

200 g TK-Himbeeren (1 P.)
oder im Sommer: frische Himbeeren
250 g Quark (40 %)
250 g griechischer Joghurt (10 %)
125 ml Sahne
100 g Zucker
(oder mehr, nach Geschmack)
1 P. Vanillezucker
2 EL Zitronensaft
1 TL Zitronenschalenabrieb

Danke!

- Meinen lieben Kindern: Lieblingskritiker und wahre Feinschmecker!
- Meiner Mutter, die uns die Liebe und Freude am Essen in die Wiege gelegt hat.
- Meiner Familie für die liebevolle, bedingungslose Unterstützung.
- Susanne Wray und Ingrid Heinen, ohne die es dieses Buch nicht gäbe.
- Meinen Freundinnen, den besten, die man sich wünschen kann: Ulli Albers, Monika Benischek, Heike Eulig, Claudia Fritsch, Susanne Hein, Sevda Henning, Stephanie Knaur, Jovita Kuczinna, Janine Kuhn, Tiziana Lastaria, Annecathrin Leclerc, Haideh Monavari, Mäx Ronimi, Gina Tritschler-Kirnberger, und Nathalie Varin.
- Claudia Neumann und Stephanie Baden, die alles korrigiert haben.
- Dr. Iris Schröder, die immer ein Rezept hat.
- Dr. Celia Reufels, »Very Personal trainer«.
- Natascha Jouhoff, für schöne Fotos!
- Meinen treuen Mitstreiterinnen in Küche und Kultur: Kathrin Astorian, Sabine Ax-Leitz, Ute Bacher, Dr. Vera Bloemer, Heike Drossard, Sabine A. Fischer, Sabine Flach, Heike Gauff, Janne Kalliwoda, Katya, Ulla Kiep, Bettina Küchler, Karin Lindenberg, Susanne Lipkau, Andrea Maiweg, Marcela, Mausi, Susanne Morawe, Susanne Muthesius, Kristina Nickel, Doris Passow-Utech, Claudia Pietzner, Kathrin Quadflieg, Susanne Sigmund, Iris Seeger, Silvana, Simone Stenglein, Nina von Steuben, Elisabeth Wohlenberg, Andrea Ziegler und dem Susanne-Wray-Dreamteam.
- Meinen Profis: Andrea von Bethmann, Dr. Eleonora Bonacossa, Dr. Christine Eichel, Barbara Goerlich und Christiane Sattler.
- Meinen Freunden, die dankbare und vergnügte »Versuchskaninchen« an meiner Tafel waren.
- Juan Amador, dem Meister.
- Julia Graff für die gelungene Gestaltung und ihre Geduld.
- Monika, Simone und Jo Graff für das Lektorat und die professionelle Bearbeitung.

- Und dir! Von Herzen.

REZEPTE VON A–Z

BÜCHER FÜR GENIESSER

Sushi – Kultur und Genuss
von Sebastian Dickhaut
Ein paar Handgriffe, und aus Reis und Fisch wird ein delikates Kultobjekt: Herrlich frischer Fisch, behutsam gegarter Reis, abgestimmte Aromen und mit Gefühl geführte Hände – mehr braucht es nicht, um gute Sushi zu machen. Sushi heißt »Krönung der Freude« – und so ist auch das Buch: einfach, klar und perfekt. 95 Seiten, 104 Farbfotos, ISBN-13: 978-3-7750-0503-6.

Die Japanische Küche
von Kimiko Barber
Spezialitäten aus dem Land des Lächelns: mit 200 authentischen Rezepten – von den Klassikern bis zu den modernen Rezepten der neuen japanischen Küche, mit ausführlicher Warenkunde der 100 wichtigsten Zutaten (Geschmack, Herstellung, Verwendung, Gesundheit) und Informationen zu Philosophie, Brauchtum und Kultur.
240 Seiten, 300 Farbbilder, ISBN-13: 978-3-7750-0477-0.

Le Creuset – Das Kochbuch
Das einzige Kochbuch auf Deutsch zum Kultbräter! Mit Rezepten der gehobenen Bistroküche von David Rathgeber (aus dem berühmten »Aux Lyonnais« von Alain Ducasse in Paris), klassisch französisch, unkompliziert und raffiniert zugleich. Schonendes Garen bei niedrigen Temperaturen, mit Tipps & Tricks vom Profi zum perfekten Gelingen.
144 Seiten, 73 Fotos, ISBN-13: 978-3-7750-0466-4.

LEBENSART

All about Cocktails & Barfood
von Harald Wohlfahrt, Bernhard Stöhr und Maria Hoffmann
Mit Cocktails und Dekotipps eines vielfach ausgezeichneten Barchefs sowie Fingerfood-Rezepten von »Deutschlands bestem Koch«. Edles Barbuch mit neuen Rezepten und Klassikern, Tipps für die Hausbar. 110 Seiten, 100 Farbfotos, ISBN-13: 978-3-7750-0475-6.

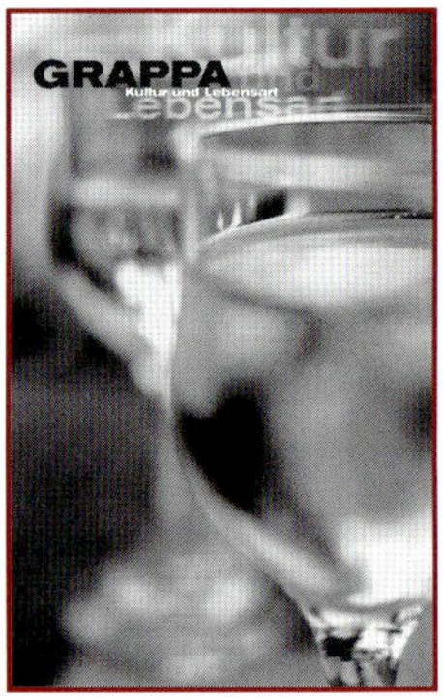

Grappa – Kultur & Lebensart
von Susanna Blini mit Fotos von Ansgar Pudenz
Grappa: einst rauer Bauernschnaps, heute samtweiches Edeldestillat. Atmosphärisch aufbereitet beschreibt das Buch die Geschichte, Herstellung, berühmte Marken und Philosophie der *grappaioli*. Raffinierte Rezepte runden den Geschenkband ab.
96 Seiten mit 62 Farb- und S/W-Fotos, ISBN-13: 978-3-7750-0317-9.

HÄDECKE

Weitere Informationen über unsere Genussbücher erhalten Sie kostenlos beim:

Walter Hädecke Verlag
Postfach 1203
71256 Weil der Stadt b. Stuttgart
Deutschland
Telefon +49(0)7033/138080
Fax +49(0)7033/1380813
E-Mail info@haedecke-verlag.de

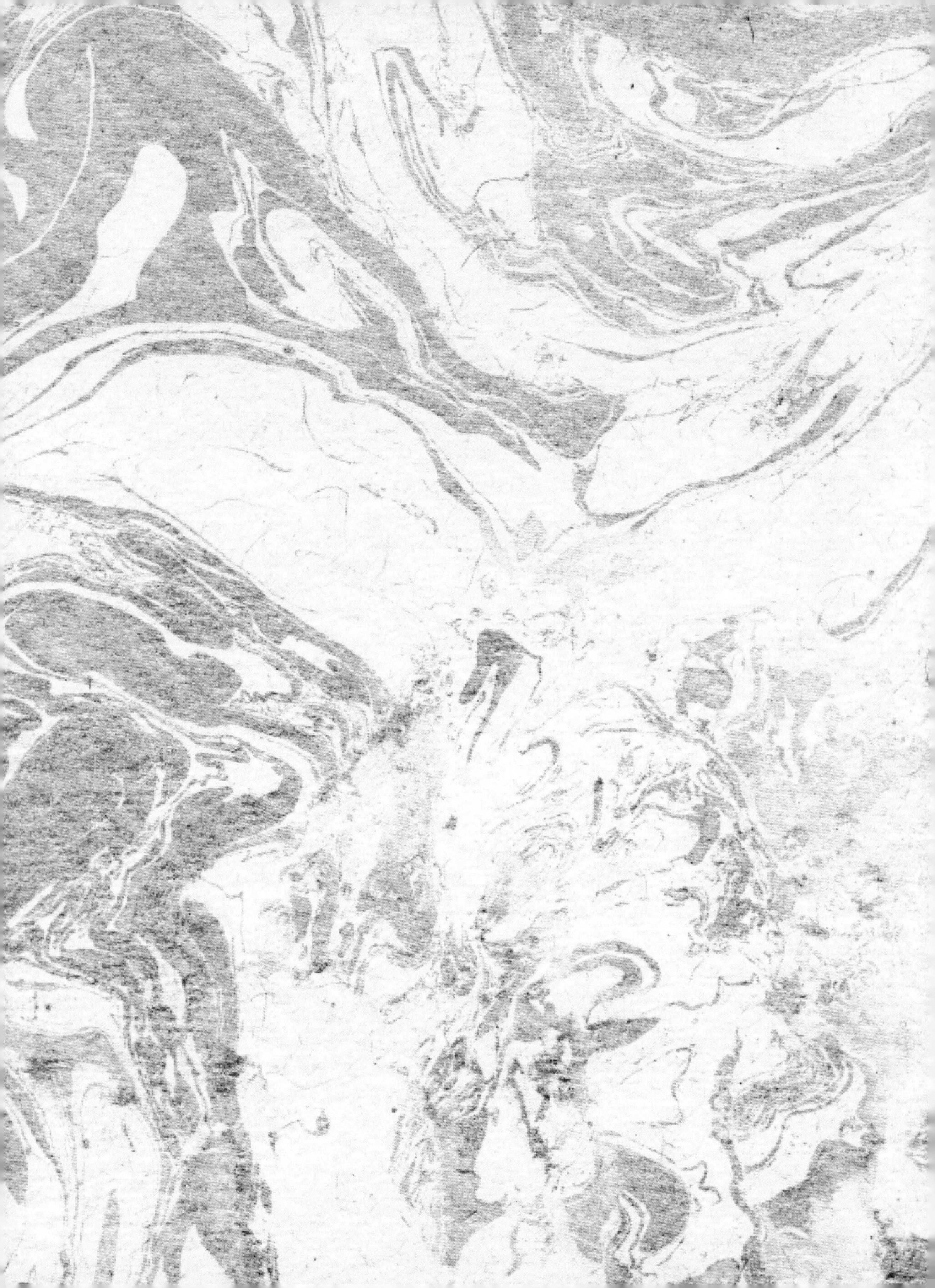